CHAMBRE DE COMMERCE INTERNATIONALE

LE FINANCEMENT DES ROUTES

PAR

A. J. BROSSEAU

Vice-Président de la Chambre de Commerce des États-Unis d'Amérique.

Brochure N° 71

SECRÉTARIAT GÉNÉRAL
38, Cours Albert-Ier
PARIS (VIIIe)

CHAMBRE DE COMMERCE INTERNATIONALE

38, Cours Albert Iᵉʳ — Paris (VIIIᵉ)

Adresse télégraphique :
Incomerc. Paris 86.

Téléphone :
Elysées 62-42—62-56—94-77

Président :
Dott. Alberto Pirelli

Président-Fondateur :
Etienne Clémentel

Présidents Honoraires :
Sir Alan G. Anderson, K.B.E., Willis H. Booth

Vice-Présidents :

Sir Arthur Balfour, Bart., J.P.
Julius H. Barnes
Maurice Despret

René Duchemin
Boguslaw Herse
Junnosuke Inouye
Franz von Mendelssohn

Carlos Prast
K. A. Wallenberg
W. Westerman

Secrétaire Général :
Edouard Dolléans

Trésorier :
Louis Manheim

CONSEIL :

Allemagne. — *Membres :* Abr. Frowein, Dr. L. Ravené, Dr. h. c. Louis Hagen. — *Suppléants :* Dr. e. h. Paul Reusch, F. H. Witthoefft, Dr. Wilhelm Cuno.

Amérique (Etats-Unis d'). — *Membres :* John H. Fahey, Silas H. Strawn, Owen D. Young. — *Suppléants :* William Butterworth, Robert E. Olds, Henry M. Robinson.

Australie. — *Membres :* The Hon. Sir Frederick W. Young, John Sanderson.

Autriche. — *Membre :* Dr. Paul Hammerschlag. — *Suppléants :* S. E. R. Riedl, Dr. Ludwig Urban.

Belgique. — *Membres :* Louis Canon-Legrand, Alexandre de Groote, William Thys. — *Suppléants :* Alfred de Brouckère, Baron Edouard Empain, Joseph Marcotty.

Danemark. — *Membres :* Benny Dessau, Dr. Ernst Meyer, — *Suppléants :* Christian Cloos, Ch. Overgaard.

Espagne. — *Membres :* D. Bartolomé Amengual, D. Julio Guillien Saenz. — *Suppléants :* D. José Maria Gonzalez, D. Marco Costalès.

Finlande. — *Membre :* Dr. J. K. Paasikivi.

France. — *Membres :* Jules Godet, Robert Masson, Eugène Schneider. — *Suppléants :* André Baudet, Etienne Fougère, Henri de Peyerimhoff de Fontenelle.

Grande-Bretagne. — *Membres :* Sir Algernon F. Firth, Bart., D. L., Sir Felix Schuster, Bart., Sir Gilbert C. Vyle ,Kt. — *Suppléants :* Sir J. Sandeman Allen, Kt., M.P., Sir Stanley Machin, J.P., Sir Roland Nugent.

Grèce. — *Membre :* A. S. Metaxas. — *Suppléant :* G. Nicolaïdès.

Hongrie. — *Membre :* S. E. Alexandre Popovics. — *Suppléant :* Arthur Belatiny.

Inde. — *Membres :* D. P. Khaitan, D. S. Erulkar, N. M. Muzumdar. — *Suppléants :* Kasturbhai Lalbhai, R. K. Shanmukham Chetty, M. L. A., R. J. Udani.

Indochine. — *Membre :* A. Garnier. — *Suppléant :* Henri Sambuc.

Italie. — *Membres :* On. Gr. Uff. Biagio Borriello, Gr. Uff. Giorgio Mylius, On. Gr. Cr. Prof. Dionigi Biancardi. — *Suppléants :* Gr. Cr. Avv. Giuseppe Bianchini, Gr. Uff. Ing. Raimondo Targetti, On. Gr. Uff. Avv. Gino Olivetti.

Japon. — *Membres :* Raita Fujiyama, Dr. Takuma Dan, Keijiro Hori. — *Suppléants :* Katsutaro Inabata, Kenjiro Matsumoto, Akira Ishu.

Luxembourg. — *Membre :*

Norvège. — *Membres :* J. Blydt, C. Bang. — *Suppléant :* Einar Eitrem.

Pays-Bas. — *Membres :* H. Rud. du Mosch, J. B. van der Houven van Oordt, Dr. R. Mees. — *Suppléants :* Albert Spanjaard, C. E. ter Meulen, Dr. H. J. Knottenbelt.

Pologne. — *Membre :* Comte Ladislas Jezierski. — *Suppléant :* J. C. Adamski.

Roumanie. — *Membre :* Dr. Stefan Cerkez. — *Suppléant :* George G. Assan.

Serbes-Croates-Slovènes (Royaume des). — *Membre :* Vasa U. Yovanovitch. — *Suppléant :* Dr. Julije Mocan.

Suède. — *Membres :* J. C. Edström, Oscar Rydbeck. — *Suppléants :* Axel Enell, Joseph Sachs.

Suisse. — *Membres :* John Syz, Dr. Alfred Georg, Robert La Roche. — *Suppléants :* Otto Alder, René Hentsch, Edouard Tissot.

Tchécoslovaquie. — *Membres :* Jaroslav Preiss, Kornel Stodola. — *Suppléants :* F. Hodac.

CONGRÈS D'AMSTERDAM 1929

LE FINANCEMENT DES ROUTES

Un exposé des méthodes employées aux États-Unis pour le développement rapide des routes ; suivi d'une étude historique sur leur financement dans quatre des États, sous des conditions fort différentes.

PAR

A. J. BROSSEAU

Vice-Président de la Chambre de Commerce

des États-Unis d'Amérique.

SECRÉTARIAT GÉNÉRAL

38, Cours Albert-Ier

PARIS (VIIIe)

Juillet 1929

LE FINANCEMENT DES ROUTES

SOMMAIRE :

Aucun pays ne peut se passer de bonnes routes.

Pour le financement des routes on peut avoir recours d'abord à l'impôt général.

Les taxes spéciales sur les véhicules automobiles sont équitables si elles ne constituent pas une charge indue.

L'impôt sur l'essence est la forme la plus simple de taxe sur l'automobile.

La construction au moyen d'emprunts coûte moins cher que la construction au moyen d'impôts.

Le pays et les grandes régions doivent supporter les frais des routes principales.

Des fonds suffisants pour l'entretien des routes sont essentiels.

La centralisation du contrôle technique et le développement systématique des routes principales sont nécessaires.

MÉTHODES EMPLOYÉES
AUX ÉTATS-UNIS
AFIN D'ASSURER LE DÉVELOPPEMENT
DES ROUTES

Par A. J. BROSSEAU

Vice-Président de la Chambre de Commerce des États-Unis.

Depuis cinq ans, le développement rapide des transports automobiles dans toutes les parties du monde a fait du problème du développement des routes une des préoccupations principales des autorités publiques.

La nécessité des routes n'offre plus de doute ni aux économistes, ni aux fonctionnaires, ni aux hommes d'affaires. Du point de vue social, comme du point de vue économique, l'expérience a démontré l'utilité des véhicules automobiles pour tous les genres de transports.

Le monde moderne des affaires dépend, de mille manières, des transports automobiles. La vie moderne y trouve un instrument indispensable.

Nous n'avons qu'à nous demander ce qui arriverait si toutes les automobiles disparaissaient subitement, pour nous rendre compte de l'importance du rôle que jouent les transports automobiles dans notre vie quotidienne.

Le financement des routes est une question économique.

Ce qu'il faut donc, c'est obtenir les ressources nécessaires à l'entretien des routes qui existent déjà et à la construction de nouvelles artères susceptibles de satisfaire à l'intensité toujours croissante du trafic.

Au fond, le financement des routes ne diffère nullement des problèmes financiers en face desquels se trouve tout homme d'affaires qui se propose la fabrication d'un article quelconque.

Le premier problème qui se pose est de bien se rendre compte de la demande.

Le deuxième problème est de créer une organisation qui permette la construction à bon compte du genre de route que notre clientèle — le public — demande.

Le troisième problème est de trouver un aménagement des finances qui ne grève pas les routes d'un prix de revient tellement lourd que notre clientèle ne puisse le supporter.

Le premier pas : Choix d'un système.

La demande de facilités meilleures de transports est universelle, et il est inutile de nous étendre ici sur ce sujet. Mais il est nécessaire d'étudier de près le caractère de notre exploitation — notre système routier — avant d'aborder la question financière.

Dans tous les pays, le besoin de routes est tel qu'il serait impossible, même du point de vue purement matériel, de les construire toutes à la fois. Il faut donc faire un choix des routes qui serviront le plus de fins possible et qui rapporteront le plus à nos actionnaires, — ici encore le public.

Ce choix est facile au moyen d'enquêtes sur le trafic, conjuguées avec l'étude des augmentations possibles du trafic par suite de l'établissement de routes bien tracées et construites dans de bonnes conditions.

Une fois ces données établies, il ne s'agit plus que d'obtenir les ressources nécessaires à l'entretien et à l'amélioration des routes déjà existantes, à la construction et à l'entretien de routes nouvelles. Il est indispensable que ces plans soient établis et ce travail fait par des ingénieurs très au courant des problèmes financiers que posent les transports par routes.

Si on ne suivait pas cette méthode, l'argent serait gaspillé soit pour un développement insuffisant qui aboutirait à une stagnation ou à des frais d'exploitation trop élevés, soit pour un développement exagéré qui a nouveau restreindrait le marché.

En abordant la question du financement même, l'expérience du passé est peut-être le meilleur guide pour l'avenir.

Une étude détaillée est annexée.

Grâce à la bienveillance du *Bureau of Public Roads* des Etats-Unis et à la collaboration de hauts fonctionnaires des services routiers de différents Etats, une étude détaillée a pu être faite pour les besoins de cette discussion. On y trouvera décrit le développement historique du financement des routes dans quatre régions des Etats-Unis, fort différentes les unes des autres.

Le temps me fait défaut pour vous lire cette étude, mais elle sera présentée à la Chambre de Commerce Internationale et publiée en annexe à mon exposé. Tous ceux qui ont la lourde responsabilité de résoudre les problèmes fiscaux posés par le financement des routes pourront la consulter avec profit.

Mes observations porteront dans une large mesure sur les conclusions auxquelles cette étude nous oblige, dans l'espoir, je le dis franchement, que d'autres pays pourront profiter de l'expérience que nous avons acquise pendant la période d'expansion rapide de notre système routier, et dans laquelle il nous a fallu faire face aux exigences de l'automobile dans des conditions qui, au début, n'avaient rien de commun avec celles qui existent dans certains pays de la vieille Europe. Ces conditions, communes à bien d'autres pays — étaient le manque presque absolu de routes en bon état et l'absence de toute organisation administrative routière.

De cette étude il ressort clairement que les Etats-Unis ont traversé une longue période de tâtonnements et d'erreurs, d'où sont enfin sortis certains principes susceptibles d'une application mondiale.

Le développement routier des Etats-Unis était imprévu.

Se prévalant de l'expérience acquise, on peut faire remarquer tout d'abord qu'il est fort douteux que quiconque aux

Etats-Unis ait eu la moindre conception du développement que prendrait chez nous la construction des routes, lorsque furent entrepris vers 1890 les premiers efforts rudimentaires de notre programme actuel.

A cette époque, nous sortions d'une longue période pendant laquelle l'ascendant des chemins de fer avait peu à peu réduit à l'abandon les quelques bouts de routes, anciens chemins de péage ou construites par la corvée dans les premiers jours de la République.

L'invention de la bicyclette, et la venue de voitures sans chevaux, aux formes bizarres, ont de nouveau porté l'attention vers les routes et, par-ci par-là, des autorités locales se mirent à voter de timides crédits pour des améliorations de peu d'importance.

Au début la question des routes était une question locale.

Cependant le problème avait partout un caractère essentiellement local. L'étendue des déplacements était des plus restreinte, point n'était besoin de routes capables de supporter un trafic lourd et l'idée n'était encore venue à personne qu'une responsabilité autre que celle des autorités locales pouvait être engagée.

De 1890 à 1916, l'usage des véhicules automobiles augmenta lentement mais continuellement, et, pendant ce temps, les ingénieurs-constructeurs portèrent leurs modèles à un haut degré de perfectionnement. Mais ce n'est qu'en 1912 que le nombre de voitures automobiles aux Etats-Unis atteignit le million ; et ce n'est qu'en 1916 que la production annuelle atteignit un million de voitures et que les transports automobiles s'imposèrent définitivement comme nouveau moyen de transport et de communication.

Durant cette période, le public réclamait des routes avec tant d'insistance et le mouvement prit une telle ampleur que plusieurs des Etats commencèrent à créer des administrations routières et l'on se mit sérieusement à la recherche de ressources pouvant servir à la construction des routes. Mais, même alors, personne ne prévoyait un programme de dépenses annuelles s'élevant à $ 1.500.000.000 comme de nos jours, et quiconque eût suggéré un projet aussi visionnaire se serait vu tourner en ridicule.

La collaboration du Gouvernement Fédéral date de 1916.

Finalement en 1916, le Gouvernement Fédéral s'est rendu compte qu'il était de son devoir de collaborer à la création d'un réseau de routes nationales, en fournissant aux différents Etats des crédits modérés mais réguliers. Des études furent entreprises pour décider où et comment les routes seraient construites, le montant de l'appui financier que le pays pouvait fournir, et les meilleures façons de distribuer les charges. Dans tous les Etats, on a organisé des administrations routières avec un personnel technique qualifié, et le *Bureau of Public Roads* du Gouvernement Fédéral a été agrandi et renforcé.

Dans les années qui ont suivi, on a eu recours à toutes sortes de différentes méthodes pour arriver à des modalités d'imposition scientifiques, mais jusqu'ici aucune formule rigide n'a été trouvée et il ne paraît pas qu'il puisse en exister.

Mais au fur et à mesure que nous poursuivions notre but, souvent à grand frais, car les connaissances nous faisaient défaut, certains principes généraux sont apparus.

Il coûte moins cher de construire des routes que de s'en passer.

Peut-être le premier de ces principes est celui si bien défini par Thomas H. Mac Donald, Directeur du *Bureau of Roads*, qui a dit : « Nous payons toujours le prix des bonnes routes, que nous les ayons ou que nous ne les ayons pas, mais nous payons moins cher quand nous les avons que quand nous ne les avons pas. »

Autrement dit, avec le développement de nos besoins de transports, nous avons découvert que les bonnes routes nous sont absolument indispensables. Sans bonnes routes, nos communautés ne peuvent grandir, les produits agricoles ne peuvent être transportés. Il en résulte que la valeur de la propriété foncière reste à un niveau bas.

On pourrait presque en dire autant des routes insuffisamment développées Le coût des transports s'élève et ce ne sont pas seulement les individus, mais les communautés et même les États qui en souffrent économiquement et socialement.

L'émission d'obligations routières est indispensable.

Ceci nous conduit à un deuxième principe fondamental qui est qu'au début d'un projet de construction routière il n'existe pas de localité ni même d'État assez riche pour faire face, avec ses seuls revenus, au développement routier nécessaire.

Les obligations coûtent plus au début, parce qu'il faut tenir compte du service de ces emprunts et, à première vue, cela fait apparaître les charges excessives.

C'est néanmoins une vérité amplement démontrée par de nombreuses enquêtes sur le financement des routes, et par les études qui paraîtront en annexe à cet exposé, que le service des intérêts et de l'amortissement est de beaucoup le meilleur marché si l'on tient compte de tous les facteurs.

Une seule remarque. Il est évident que si l'argent disponible ne suffit qu'à construire un kilomètre par an, il faudrait dix ans pour construire dix kilomètres de route. Pendant presque tout ce temps, la communauté serait privée de transports ou devrait supporter des frais d'exploitation excessifs.

Une communauté peut-elle attendre aussi longtemps ?

Les routes créatrices de la richesse.

Bien plus, les routes créent de la richesse et couvrent facilement la dépense qu'elles entraînent. On pense souvent que les États-Unis ont construit des routes parce qu'ils sont riches.

C'est le contraire qui est vrai. L'augmentation de la richesse du fait de la construction des routes est si considérable que le surplus de dépenses qu'entraîne la construction rapide au moyen d'emprunts est largement compensé.

40 % à 60 % du prix de premier établissement de routes bien construites est dépensé une fois pour toutes. La valeur

de reprise des matériaux employés est si élevée que lorsqu'il devient nécessaire de reconstruire une route, il arrive parfois que le capital investi reste entier même après une longue période de service.

Supposons enfin qu'une communauté consente à s'imposer suffisamment pour produire les ressources nécessaires à la construction de routes, payable sur le rendement des impôts.

Partout où on a essayé ce système, la construction des routes a été inférieure en qualité aux besoins du trafic, et deux conséquences s'en sont immédiatement suivies. L'État a été obligé de payer un prix d'entretien très élevé parce que ces routes se détérioraient plus rapidement, et le public a dû supporter des frais élevés d'exploitation. Mais même, en ce qui concerne les États-Unis, le nombre de kilomètres que l'on peut construire en employant cette méthode est insuffisant.

La nation et les grandes régions doivent partager les frais.

Un autre principe d'une importance fondamentale est la reconnaissance par les autorités nationales et régionales de leur responsabilité dans le financement des routes.

Au début de la période moderne de construction routière, on envisageait les routes comme étant d'importance exclusivement locale, et la responsabilité de leur administration et de leur finance retombait uniquement sur les autorités et les finances locales. Jusqu'à un certain point, on a encore recours aux finances locales, mais de moins en moins en ce qui concerne les routes principales.

Mais il n'est pas nécessaire de vous démontrer que les transports automobiles ne connaissent pas de divisions politiques, et qu'aujourd'hui l'exploitation de ces services n'est rien moins que locale.

Chaque pays a besoin d'un réseau de routes principales pour relier ses différents centres et pour servir en temps de crise de système de communication auxiliaire. Chaque région est au même titre responsable en ce qui concerne les routes auxiliaires.

Il est à la fois injuste et, du point de vue économique, indésirable de demander aux contribuables locaux de fournir les fonds nécessaires à la construction de routes devant profiter à toute la région ou au pays tout entier.

Les ressources fiscales et le crédit d'unités trop petites, sont vite épuisés ; elles se trouvent sans le moyen de construire les routes auxiliaires et tributaires qui sont d'intérêt local et indispensables pour relier les régions rurales aux grandes routes. Les ressources locales doivent être réservées à ces usages et ne pas être dépensées pour la construction du réseau principal.

D'ailleurs, du point de vue purement financier, plus l'unité fiscale est importante, meilleur est son crédit, moins les fonds coûtent cher et plus il est probable qu'ils seront dépensés au mieux des intérêts en jeu.

Donc à tous les points de vue, le pays tout entier et ses principales divisions politiques ont intérêt à assumer la responsabilité administrative et financière des routes ayant une importance nationale ou régionale.

Les routes bien entretenues durent longtemps.

Quant à la modalité du remboursement des emprunts, il n'est guère besoin d'ajouter que les échéances doivent être aménagées de façon à ce que le service de la dette, en intérêt et amortissement, constitue une charge aussi uniforme que possible.

En ce qui concerne la durée de ces emprunts, l'expérience des banques aux États-Unis est que la durée des obligations généralement souscrites pour les emprunts régionaux ne dépasse pas 25 ans ou bien 20 ans pour les localités.

Avec un bon entretien des routes, chose qui est toujours indispensable, il n'y a pas de raison que les routes ne soient pas encore en service à la fin de ces périodes. Il est probable, même si la route a été bien construite et convenablement entretenue, qu'elle sera bien meilleure que lorsqu'elle venait d'être construite.

Les péages ne sont pas un bon moyen de financement.

Si nous nous adressons maintenant à la question essentielle, à savoir comment les charges seront distribuées et quels moyens seront employés pour procurer les ressources nécessaires, nous voyons que les premiers moyens auxquels les États-Unis ont eu recours au début de leur histoire, étaient de faire construire les routes par des sociétés privées avec droits de péages et parfois des subsides, ou par des corvées à titre d'impôt par le travail.

Ni l'une ni l'autre de ces méthodes ne peuvent répondre aux besoins du monde moderne.

Le principe fondamental sur quoi repose la politique routière des Etats-Unis est de servir le public à aussi bon compte que possible.

Les routes à péage privées augmentent le prix des transports et sont une cause d'irritation pour les usagers. A moins que le trafic ne soit lourd, ces routes ne sont pas un placement avantageux. Si le trafic est lourd, c'est la preuve que, dans l'intérêt de tous, l'usage des fonds publics pour leur construction est largement justifié.

Souvent d'ailleurs l'existence de routes à péage retarde inévitablement la construction d'autres routes avec des fonds publics, et fréquemment les sociétés privées auxquelles appartient la route ne l'entretiennent pas en bon état.

Il en est résulté que presque toutes les routes à péage ont été abolies aux Etats-Unis et aujourd'hui l'opinion publique se montre nettement hostile à ces entraves au transport.

Les impôts payés sous forme de travail quotidien sur la route ont toujours été d'un rendement médiocre et une source de pertes. On ne saurait y avoir recours pour un programme de construction moderne.

Les impôts généraux peuvent servir à l'amélioration des routes.

Il ne reste donc comme source de revenu que les impôts.

Aux Etats-Unis, dans les commencements du développement moderne des routes et avant que le nombre de véhicules ne se fût accru, on a généralement trouvé que des impôts raisonnables sur la propriété foncière pour faire face au service des obligations émises, était le moyen le plus équitable et le plus sûr de trouver les ressources nécessaires aux routes d'intérêt général. Ce moyen se justifie parce que l'amélioration profite à toute la population.

Je ne parle ici que de routes d'intérêt général, et non pas de routes d'intérêt purement local, car ces dernières entraînent évidemment des dépenses moindres et, ne devant profiter qu'à la localité, peuvent bien être payées par les communautés desservies.

Les automobilistes acceptent des taxes spéciales raisonnables.

Avec le développement du trafic aux Etats-Unis, le besoin de routes meilleures est devenu si pressant, que les automobilistes ont consenti à passer outre au principe que, puisque tout le monde profite des routes, tout le monde doit payer ; et, afin d'obtenir de meilleures routes, ils ont bien voulu accepter des taxes spéciales sur les véhicules automobiles.

Les automobilistes ont ainsi obtenu une amélioration routière beaucoup plus rapide qui leur a permis de réaliser immédiatement des économies appréciables sur leurs dépenses, et ces économies dépassent de beaucoup les taxes qu'ils paient. Un avantage peut-être encore bien plus important est que la longueur moyenne des déplacements a été largement augmentée.

L'impôt est resté à un taux assez bas.

Mais de prime abord, un des principes fondamentaux adoptés par les législateurs a été de maintenir les impôts sur les automobiles à un taux assez bas ; ensuite, comme l'impôt était appliqué en raison des avantages spéciaux conférés aux contribuables, les revenus ainsi obtenus devaient être intégralement appliqués à l'amélioration des routes.

En somme, le résultat de cette politique a été que, bien que l'impôt ait été maintenu à un taux très bas par unité, ainsi qu'il apparaît de l'étude annexée à cet exposé, l'augmentation constante du nombre de véhicules automobiles fait que les automobilistes paient une bonne partie du coût des routes dont ils se servent.

Si, au début, les impôts avaient été lourds, le nombre de véhicules aurait nécessairement été restreint, et le pays ne posséderait pas comme aujourd'hui un système immense et mobile de transports par routes.

L'impôt sur l'essence, le plus simple et le meilleur.

En ce qui concerne le genre d'impôts auxquels on a eu recours, de grandes, de trop grandes divergences se sont fait jour. Au début, l'impôt était payé sous forme de taxe d'enregistrement. Ensuite, avec la fabrication de véhicules de types, de poids, de vitesses divers pour des usages différents, on a essayé de faire une distinction équitable entre ces divers types par différentes formules fondées sur le poids, la puissance, le prix, etc., des voitures.

En 1919, l'Etat d'Oregon a institué un impôt tout nouveau : $ 0,01 par bidon de cinq litres d'essence.

Son exemple fut presque immédiatement suivi par d'autres Etats, et aujourd'hui tous les Etats des Etats-Unis frappent l'essence d'un impôt. Le taux de $ 0,01 a été peu à peu augmenté, et dans certains cas, l'impôt est de $ 0,05 par bidon et, dans un des Etats, atteint même $ 0,06.

De l'avis général, $ 0,05 est la limite de l'impôt qui puisse être perçu, sans que la charge ne se fasse sentir par les producteurs d'essence et par les usagers, et sans entraîner l'emploi des fonds recueillis pour d'autres fins que le développement des routes.

L'impôt sur l'essence, une indication exacte de l'usage des routes.

A tous les points de vue cet impôt a été aussi peu impopulaire qu'il est possible qu'un impôt le soit. Son grand avantage est que l'automobiliste ne paie l'impôt que s'il se sert de la route, et qu'il paie en raison de l'usage qu'il fait de la route. Cet impôt ne restreint pas l'emploi de l'automobile comme pourrait le faire un impôt à payer en une seule fois. La mesure de l'usage fait de la route est assez exacte, car, plus une voiture est lourde, plus elle consomme d'essence. Cet impôt est facile à percevoir, sa perception ne coûte que peu, et, bien que la taxe par unité ne soit pas grande. les sommes recueillies sont impressionnantes.

En fait, c'est une taxe de péage sans aucun des éléments désagréables de ce genre d'impôt et le public en reçoit tous les avantages.

Aujourd'hui, dans beaucoup d'Etats, on se sert de ces fonds en partie pour l'entretien des routes existantes, et en partie pour l'amortissement des obligations déjà émises pour la construction des routes.

Conclusion.

Pour résumer cet exposé, on peut dire que certaines conclusions bien nettes se dégagent de l'expérience des Etats-Unis quant au financement des routes :

1º Les transports automobiles sont un élément indispensable de la vie moderne.

2º Tous, directement ou indirectement, profitent du développement des routes, et les dépenses peuvent équitablement être payées sur le rendement des impôts généraux ; et c'est ainsi que le financement doit se faire jusqu'à ce que les transports automobiles se soient développés au point où l'on puisse imposer des taxes spéciales sur les véhicules.

3º Les automobilistes profitent spécialement de l'amélioration des routes : il est donc équitable d'imposer des taxes spéciales sur les véhicules automobiles tant que ces impôts ne constituent pas une charge par trop lourde, et le produit de ces taxes doit servir uniquement à l'amélioration des routes.

4º L'impôt sur l'essence est la forme la plus équitable et la plus simple de l'impôt sur les transports automobiles, mais ne suffit pas par lui-même pour faire face à un développement routier suffisant.

5º Les avantages sont si grands que le recours à l'emprunt pour construire des routes est véritablement une économie, et revient meilleur marché que la construction entreprise avec les seules ressources fournies par les impôts.

6º La responsabilité du pays et des grandes régions est absolue en ce qui concerne la construction de routes dont l'importance est plus que locale.

7º Tout développement des routes doit suivre un plan rationnel, dont le but doit être de construire systématiquement les routes principales dans chaque pays ou grande région.

8º La première chose à faire dans tout programme de construction routière est de fournir au public les communications dont il a besoin. La meilleure manière d'y arriver est d'adopter une politique de construction par étapes, d'après laquelle les routes sont développées suffisamment pour en permettre l'usage, et ensuite portées à un niveau supérieur de perfectionnement, au fur et à mesure que le trafic augmente.

9° Un entretien suffisant est la première nécessité de tout progrès routier.

Il se peut que l'adoption de tous ces principes ne soit pas toujours immédiatement possible.

Il faut toujours compter avec l'inertie, les traditions, l'opportunisme. Parfois, des conditions locales spéciales peuvent suggérer d'autres moyens pratiques d'arriver au même but.

Ce qui importe surtout c'est que l'expérience des Etats-Unis démontre que rien dans toute l'étendue du problème des routes n'est au-dessus des forces d'un pays. La vérité est qu'aujourd'hui, avec le progrès moderne, aucun pays ne peut se passer de routes ni de transports automobiles.

ÉTUDE
SUR LE FINANCEMENT DES ROUTES
AUX ÉTATS-UNIS

Un résumé des divisions politiques et de l'étendue de leur autorité est nécessaire pour bien comprendre l'administration et le financement des routes aux États-Unis.

Il existe cinq divisions politiques principales :

1. — Le Gouvernement Fédéral.	La plus haute autorité centrale ; réunissant les 48 États.
2. — Les États.	La plus grande unité indépendante sous l'autorité du Gouvernement Fédéral. Il existe 48 États et le District de Columbia (la capitale fédérale) dans les États-Unis.
3. — Les « Counties ».	La plus grande unité sous l'autorité de l'État. Il existe plus de 3.000 « counties ».
4. — Les Villes.	La plus grande unité dans le « county ».
5. — Les autorités municipales.	Pour l'administration des municipalités.

Les quatre premières divisions politiques participent au développement et à l'entretien des routes.

L'intérêt que portent aux routes le Gouvernement Fédéral et les États ne date que d'une époque assez récente, et a été suscité par l'emploi de l'automobile.

Histoire du développement des routes.

Les principaux changements survenus dans le développement des routes datent de 1890, 1916 et 1921.

En 1890, la plus grande partie des routes des États-Unis étaient des routes à péage appartenant à des sociétés privées et exploitées par elles. Le trafic était de peu d'importance et consistait en voitures à chevaux et autres véhicules légers. La popularité croissante de la bicyclette et le mécontentement causé par les routes à péage ont produit un mouvement d'opinion en faveur d'une administration meilleure des routes et ont abouti en 1891 à la création de la première administration routière d'État. Ce furent là les débuts de la centralisation entre les mains des autorités publiques du développement et de l'entretien des routes, centralisation accélérée par l'introduction et l'emploi toujours grandissant des véhicules automobiles.

Le Gouvernement Fédéral donne son appui en 1916.

Le peu de progrès constaté dans la construction du réseau national de grandes routes à un temps que le caractère du trafic avait complètement changé et que le besoin de routes pour le satisfaire devenait pressant, a conduit en 1916 au passage du Fédéral Aid Act. Cette loi a fait sur une plus grande échelle ce que les États avaient déjà fait en centralisant les fonctions si importantes de l'administration routière.

Les fonds fédéraux étaient dès lors disponibles pour aider les États dans la construction des routes, à la seule condition qu'il existât une administration routière de l'État pour gérer ces fonds.

La construction moderne des routes ne date que de 1921.

Mais ce n'est qu'en 1921 que des mesures réellement efficaces ont été prises pour créer un réseau complet de grandes routes et pour en assurer le contrôle.

En 1921, un amendement au Fédéral Aid Act a été adopté par lequel les administrations routières de tous les États se voyaient obligées de désigner certaines routes ne devant pas dépasser en longueur 7 % des routes de chaque État, pour faire partie d'un réseau de routes qui serait appelé le réseau fédéral 7 % (Fédéral Aid 7 % System).

A ce moment les routes à péage avaient toutes été abandonnées ou reprises par les États.

Les dépenses annuelles sur les routes des États-Unis dépassaient un milliard de dollars ($ 1.000.000.000).

Le développement des réseaux routiers.

L'évolution des administrations routières était accompa-
gnée par la classification des routes en deux groupes principaux.

a) *Les Routes d'Etat.*

    1. Routes des États-Unis.
    2. Réseau fédéral 7 %.
    3. Réseaux des États.

Chacune de ces trois catégories de routes est comprise dans
le réseau immédiatement au-dessus. Les routes des États-Unis
sont les routes les plus importantes du pays, d'une longueur
limitée, sur lesquelles le gouvernement fédéral et l'État intéressé participent à la pose de signaux uniformes de danger, de
direction et de renseignements. Le gouvernement fédéral et les
États participent à la construction et à l'entretien du réseau
fédéral 7 %, et chaque État construit et entretient, entièrement à ses frais, le réseau de l'État. La longueur des routes des
États est d'environ 10 % de toutes les routes rurales.

b) *Routes des « Counties » et routes locales.*

Ces routes constituent les autres 90 % des routes rurales.
Les États participent dans une certaine mesure à la construction des routes dans les « counties ».

ADMINISTRATION

Fédérale.

Bien que le gouvernement fédéral ne construise ni n'entretienne de routes — à l'exception des routes forestières et de
l'entretien de certaines routes en cas de carence de l'État intéressé — il a fait néanmoins plus que n'importe quelle autre
influence pour imposer une construction de premier ordre, de
saines méthodes financières, et une administration technique
irréprochable.

Restrictions d'autorité.

En vertu du droit qu'il tient de la Constitution des États-
Unis de participer au développement des routes postales, le
gouvernement fédéral en 1916 s'est engagé à aider les État

dans le développement et l'amélioration des routes pouvant servir de routes postales.

Chaque État était, par la loi, tenu de créer une administration routière.

Plus tard, d'autres amendements ont obligé les États à développer une longueur déterminée de routes pour faire partie du réseau fédéral et à entretenir ces routes ; le gouvernement fédéral s'engageant à payer la moitié de leur prix de revient, à concurrence de $ 15.000 par mille (1.609 mètres), excepté dans les États où existent encore des domaines fédéraux et dans ce cas, le gouvernement fédéral pouvait augmenter sa contribution. Le « Federal Aid System » est parfois connu sous le nom du système 50-50, parce que les frais sont censés être partagés. Dans la pratique, la limitation de sa contribution à $ 15.000 par mille fait que le gouvernement fédéral ne paie pas tout à fait la moitié.

Méthodes.

Pour avoir droit aux fonds fédéraux, il faut que les routes :

1. Fassent partie du réseau fédéral ;
2. Soient approuvées par le « Bureau of Public Roads » des États-Unis en ce qui concerne :

    a) Leur tracé,
    b) Leurs plans d'amélioration ;

3. Se conforment au cahier des charges, une fois construites ;
4. Soient bien entretenues par l'État, une fois construites.

L'État.

La construction des routes des États, leur entretien, la coopération de l'État intéressé et du gouvernement fédéral pour la construction du réseau fédéral, tout se fait par les administrations routières des États.

Ces administrations prennent parfois la forme de Commissions avec un nombre variable de membres, ou font partie d'un département des travaux publics sous la direction d'une seule personnalité.

Toutes les routes des États sont sous le contrôle absolu de ces administrations, lesquelles aident dans une certaine mesure la construction de routes secondaires ou de routes subventionnées par les États.

Les « Counties » et autorités locales.

Le conseil général du « county » se charge d'habitude de la construction des routes des « counties », parfois sous le contrôle d'un ingénieur spécialement engagé pour ce travail.

Les routes des villes et des municipalités sont d'habitude administrées par une personnalité élue à cet effet.

PROVENANCE DES FONDS

Les fonds employés proviennent de trois sources :

Les impôts fonciers ;
Les impôts spéciaux sur les véhicules automobiles ;
Les impôts ordinaires, l'impôt sur le revenu, les contributions indirectes, les patentes, etc.

Le financement se fait au moyen de l'émission d'obligations dont le service, en intérêts et amortissement, est fait au moyen des ressources ci-dessus, ensemble ou séparément.

Le tableau ci-après montre les dépenses effectuées sur les routes rurales de 1923 à 1927, et donne la source des fonds : (Voir l'annexe A pour la répartition par années).

Obligations	$1.293.789.939	19,5%	
Subsides du gouvernement fédéral	416.843.981	6,3%	
Taxe d'enregistrement sur les autos	1.228.087.272	18,5%)	
		)	27,9%
Impôt sur l'essence	625.185.302	9,4%)	
Impôts fonciers	2.796.791.514	42,1%	
Autres sources	278.117.599	4,2%	
	$6.638.815.607	100 %	

Moins de la moitié de cette somme fut dépensée sur les routes des réseaux des Etats, tout le reste sur des routes locales.

L'importance des dépenses locales sur les routes ressort des chiffres pour 1904, 1914 et 1927 :

	1904	1914	1927
Dépenses par les « counties » et autres unités locales	$55.453.000	$216.063.784	$828.601.783
Dépenses sous le contrôle des administrations routières des États	4.500.000	24.220.850 [1]	699.875.182
	$59.953.000	$240.263.784	$1.528.476.965

(1) 11 Etats.

Donc, en 1904, environ 7 % des dépenses rurales sur les routes ; en 1914 environ 10 % ; en 1927 plus de 45 % étaient sous le contrôle des administrations routières des États.

Comme on le voit, l'intervention des Etats n'a assumé une réelle importance que dans ces tout derniers temps. Elle est due en grande partie au rendement des impôts sur les véhicules automobiles. *La grande majorité des impôts fonciers utilisés pour la construction des routes sont des impôts perçus et dépensés dans les localités.*

Fonds Fédéraux.

Les fonds fédéraux proviennent des ressources du Trésor des Etats-Unis qui sont fournies par les impôts ordinaires, l'impôt sur le revenu, les droits de douane et les impôts indirects. Le Gouvernement Fédéral ne perçoit aucun impôt spécial au titre des routes.

Les crédits annuels ont été de la grandeur de $ 75.000.000 par an, mais les dépenses effectives ont excédé ces chiffres parce que, dans les premières années, les crédits dépassaient les dépenses et le surplus ainsi accumulé n'est pas encore tout à fait épuisé.

Les Etats-Unis n'ont pas émis d'obligations routières.

Fonds des États.

Les Etats tirent la plus grande partie de leurs fonds routiers de taxes spéciales sur les véhicules automobiles, de subsides reçus du Gouvernement Fédéral et de l'émission d'obligations. Le service, en intérêts et amortissement, d'une grande partie des obligations est fourni par le rendement des impôts sur les véhicules automobiles.

En 1927, moins de 7 % des fonds routiers des Etats provenaient d'impôts directs perçus par les Etats au titre des routes ou de crédits votés par les Etats.

Les dépenses des 48 Etats dépassent aujourd'hui $ 600.000.000 par an.

Sur les 48 Etats, 35 environ ont émis des obligations routières.

Fonds des « Counties » et unités locales.

Presque tous les fonds des « counties » et des unités locales sont fournis par des impôts sur la propiété foncière ou par des obligations garanties par ces impôts. Mais une partie des fonds est fournie par d'autres sources de revenus, telles que les patentes, et jusqu'à un certain point par les subsides des Etats, et dans beaucoup d'Etats, par un pourcentage des revenus tirés de l'impôt sur les véhicules automobiles.

De bonne heure, les « counties » et autres unités fiscales locales ont eu recours à l'émission d'obligations pour financer le développement de leurs routes. Sur les fonds dépensés en 1904, plus de $ 3.500.000 ont été fournis par l'émission d'obligations locales. Aujourd'hui les « counties » de tous les Etats — à une seule exception près — se sont servis de ce moyen de financement.

Les statistiques des obligations non remboursées indiquent bien l'importance que les « counties » attachent à ce moyen de financement.

	1914	1922	1926
États	$115.324.500(1)	$ 345.574.100(2)	$ 681.145.795(3)
« Counties » et localités...	229.438.582	876.738.200	1.386.338.683
	$344.763.082	$1.222.312.300	$2.067.484.478

IMPOSITION DE L'USAGER DES ROUTES
(Voir annexe « F »).

Le véhicule automobile — tout au moins en ce qui concerne les principales routes — est devenu le seul usager.

Pour cette raison, l'usager est frappé de deux sortes d'impôts pour le développement et l'entretien des routes.

1º Une taxe d'enregistrement — imposée tout d'abord comme mesure administrative plutôt que comme mesure fiscale;

2º L'impôt sur l'essence, uniquement dans un but fiscal. Cet impôt varie de $ 0,01 à $ 0,06 par bidon de cinq litres, et la moyenne est d'environ $ 0,03.

Ces impôts sont perçus par les Etats et une proportion peut être ou ne pas être affectée aux « counties » et unités locales. Même dans certains cas, une petite part de l'impôt sur l'essence est reversée aux villes.

La taxe d'enregistrement atteint une moyenne d'environ $ 13 dans tous les Etats-Unis. Le paiement de cette taxe donne droit à la plaque d'identité de l'Etat intéressé et à l'usage réci-

---

(1) 11 Etats.
(2) 21 Etats.
(3) 35 Etats et les « counties » de tous les Etats sauf le North Dakota (47).

proque de toutes les routes rurales moyennant le paiement de l'impôt sur l'essence.

Il y a une tendance constance à l'augmentation de la taxe d'enregistrement, mais même aujourd'hui le montant n'en est pas excessif. On peut en dire autant de l'impôt sur l'essence mais ce dernier a augmenté plus rapidement et, grâce à son bon rendement et à sa perception facile, on a été tenté de l'appliquer à d'autres fins qu'au seul développement des routes.

L'impôt sur l'essence atteint une moyenne de $ 5 par an pour chaque $ 0,01 de taxe. La moyenne de la taxe pour tous les Etats-Unis étant de $ 0,03, il s'ensuit que chaque véhicule automobile paie en moyenne $ 15 par an.

Dans un seul Etat, cet impôt a été porté à $ 0,06 par bidon de cinq litres, mais les statistiques disponibles indiquent que le rendement maximum de cet impôt est lorsque la taxe est à $ 0,05. Dans le courant de cette année, trois autres Etats imposeront un impôt sur l'essence et alors tous les Etats des Etats-Unis l'auront adopté.

La politique de l'impôt modéré.

L'imposition d'une taxe spéciale modérée, à une époque où les routes n'étaient qu'assez bonnes et le nombre d'automobiles enregistrées n'était pas très grand, a donné d'excellents résultats dans la pratique. L'effet a été d'augmenter l'emploi de l'automobile et satisfaction a été donnée à l'usager en dépensant l'argent pour les routes. A la longue, le résultat a été un développement très grand de l'automobile avec, dans l'ensemble, un rendement énorme de l'impôt.

L'imposition de ces taxes spéciales a été soigneusement réservée aux Etats. Quelques « counties » et quelques grandes villes font payer une taxe d'enregistrement spéciale. Mais c'est là une infime minorité.

Trente-six des Etats considèrent l'automobile comme une propriété personnelle et comme telle la frappent d'impôts.

Il n'existe pas d'impôt fédéral sur les automobiles.

POLITIQUE DE FINANCEMENT

Ainsi qu'il vient d'être dit, le financement des routes rurales avant 1890 était privé, sous forme de routes à péages, ou assuré par les « counties » et autres unités locales.

Avec la création des administrations routières des Etats, l'assise de l'impôt a été très considérablement élargie et le principe de la responsabilité des Etats pour les routes principales a été établi.

Ce mouvement a fait un nouveau progrès avec la participation du Gouvernement Fédéral qui est intervenu pour aider les Etats à établir un réseau national. Des différentes méthodes de financement des routes, il est finalement sorti deux politiques générales :

1º la politique des obligations ;
2º la politique du jour le jour.

1º La première entraîne la création d'une dette pour faire face immédiatement au développement routier. Le service, en intérêts et amortissement, des obligations est fourni par un impôt sur la propriété foncière, par des taxes spéciales sur les véhicules automobiles, par les revenus des Etats ou des « counties » ensemble ou séparément.

Bien que le Gouvernement Fédéral n'ait jamais émis d'obligations pour le développement des routes, les Etats, les « counties », les villes ou des combinaisons de ces divisions politiques ont eu largement recours à l'émission des obligations, même dans les premières années de la République.

L'expérience a prouvé que la politique des obligations avait le plus de valeur lorsque le trafic était devenu intense à un moment que les revenus ordinaires se révélaient entièrement insuffisants pour faire face aux dépenses routières. Les dépenses se trouvent alors étendu sur un nombre assez considérable d'années, pendant lesquelles la route rapporte, et les charges sont également mieux réparties.

Toute l'expérience des Etats-Unis avec les obligations routières prouve que les obligations à 20 ou 30 ans au maximum, la forme la plus employée aujourd'hui, sont les meilleures.

Pour se conformer aux exigences des constitutions de certains Etats, il a parfois été nécessaire de garantir le service, en intérêts et amortissement, des obligations par une délégation sur les impôts fonciers de l'Etat, ceci parce que la proposition de garantir les obligations par des taxes spéciales sur des véhicules automobiles était trop nouvelle. La garantie fournie par les impôts fonciers de l'Etat a beaucoup facilité le placement des obligations parce que cette garantie reste entière même si, dans l'avenir, les impôts sur les véhicules automobiles venaient à être changés, de nouveaux combustibles employés, ou si les véhicules automobiles devenaient périmés. Le service des intérêts et de l'amortissement est aménagé de manière à être autant que possible également distribué sur les années jusqu'à maturité, c'est-à-dire que les paiements au titre intérêts seront plus grands dans les premières années et les amortissements deviendront en conséquence plus grands avec le temps.

Là où le service des obligations est fourni par les impôts fonciers, l'emploi du produit des obligations au développement des routes se traduit immédiatement par une augmentation de la valeur de la propriété foncière et par une accessibilité plus grande des terrains. Là où le véhicule automobile fournit le service des obligations, la réduction dans les dépenses d'exploitation de l'automobile, rendue possible par l'usage immédiat des routes nouvelles, représente un intérêt sur le paiement. Evidemment, les deux facteurs sont présents simultanément.

2º Le politique du jour le jour veut simplement dire que toutes les dépenses routières sont payées sur les revenus de l'année.

En général, on peut dire que la politique du jour le jour s'est révélée insuffisante aux Etats-Unis pour deux raisons :

1º Les Etats ont reconnu trop tard leur responsabilité pour le réseau des routes centralisées, ou ont trop attendu avant d'agir, pour pouvoir arriver à un développement satisfaisant au moyen des ressources régulièrement fournies par l'impôt.

2º Le facteur « temps » dans l'intensité du trafic. Ceci vient du fait que même dans les Etats où de bonne heure on a commencé à construire des routes, ces routes étaient destinées à un trafic complètement différent de celui qui s'est présenté vers 1916 et 1917. Même dans ces Etats, la reconstruction des routes pouvant servir à un trafic lourd était aussi nécessaire qu'était la construction de routes nouvelles et ici encore les revenus annuels fournis par l'impôt étaient complètement insuffisants.

Une troisième situation se présente dans les cas où un certain nombre d'Etats disent effectuer leurs paiements pour les routes au fur et à mesure de la construction et sont dans la situation enviable de ne pas avoir de dettes publiques. Une analyse plus serrée de la situation montre invariablement que les routes de ces Etats ont été construites aux frais des « counties ». Les « counties » se sont trouvés obligés de faire face à l'augmentation du trafic avant que l'Etat n'ait reconnu sa responsabilité pour le réseau des routes et ce sont les « counties » qui ont émis des obligations pour construire ces routes. Plus tard, ces routes ont été absorbées dans le réseau de l'Etat, mais on a laissé aux « counties » l'honneur coûteux de continuer le service des obligations et la construction de nouvelles routes, au fur et à mesure que l'intensité du trafic augmentait sur les routes d'importance secondaire.

Mais dans ces derniers temps, une tendance très nette s'est fait jour pour que les Etats *a*) remboursent aux « counties » l'argent dépensé sur les routes absorbées dans le réseau de l'Etat ou *b*) garantissent le remboursement au cas où les « counties » désirent faire l'avance des fonds et construire plus rapidement que ne pourrait le faire l'Etat.

DE L'EFFICACITÉ DES DIFFÉRENTS SYSTÈMES

L'analyse du trafic a été souvent employée et acceptée comme la mesure de l'importance des routes. Le volume du trafic aujourd'hui indique le genre de routes nécessaires et par conséquent la dépense qui est justifiée. Aujourd'hui il n'est pas nécessaire de développer trop ou pas assez une route quelconque.

La courbe de l'enregistrement des automobiles donne également une indication du volume de trafic que le réseau des routes de chaque Etat puisse être appelé à porter. Par le même moyen on se rend compte si l'importance du réseau des routes de l'Etat est suffisante ; si ce réseau est bien équilibré, quant à sa longueur et quant au genre de routes. Il peut y avoir sur le réseau tel qu'il a été projeté des routes qui devraient être abandonnées et par contre il peut y avoir des routes locales ou dans les environs des grandes villes qui devraient être ajoutées au réseau de l'Etat.

De telles analyses ont souvent pour résultat que l'Etat entreprend la construction ou l'amélioration de son réseau sans en interrompre le trafic. Dans ce cas, on commence par mettre en bon état une aussi grande longueur de routes que possible. Avec l'augmentation du trafic, se font les travaux de nivellement et de drainage nécessaires à l'élargissement définitif des routes. La qualité des surfaces est améliorée au fur et à mesure des besoins du trafic, utilisant ainsi au mieux la construction déjà payée.

Les ingénieurs sont arrivés dans la pratique à établir que dans la construction des routes, les surfaces à employer, d'après les statistiques de trafic quotidien, sont les suivantes :

de 0 à 100 véhicules par jour...	terre.	
de 100 à 300 — — ..	matériaux choisis, argile sableuse, terre battue, etc.	
de 300 à 500 — —	gravier.	
de 500 à 1.500 — —	gravier comprimé, macadam, macadam bitumé, et autres types intermédiaires.	
1.500 véhicules et au-dessus........	ciment bitumé, briques, ciment armé et autres types de pavage.	

Ces indications ne sont pas données à titre absolu mais peuvent servir à calculer la dépense qui est justifiée.

LE FINANCEMENT VARIE SELON LES ÉTATS

Les grandes différences qui existent dans les conditions des différents Etats et localités ; dans l'état de développement ou d'abandon des routes ; dans l'administration technique et la politique routière; dans l'imagination, l'expérience, la compétence des fonctionnaires publics ; dans l'appui que ceux-ci reçoivent de l'opinion publique ; font que le problème du financement des routes offre des différences matérielles selon l'État ou la localité. Pour cette raison, nous avons procédé à une analyse de quatre États typiques ; le Connecticut, le Maryland, l'Illinois et le Nevada.

Connecticut *(Annexe B)*.

Le Connecticut a été choisi commere présentant, on peut dire comme type, des États qui ont adopté la politique du jour le jour, de payer au fur et à mesure.

C'est un État dont la population est très dense et principalement urbaine (8o % habite les villes) et industrielle, où le développement des routes a commencé de bonne heure, au début de l'introduction du véhicule automobile et a progressé graduellement et en même temps que le trafic a grandi. Le financement de ces routes a été fait entièrement au moyen du revenu des impôts.

Avant la taxation de l'automobile, ces revenus provenaient presque entièrement des taxes frappant la propriété immobilière. On a eu recours aux « counties » seulement pour des fonds très restreints et, plus tard, on y a entièrement renoncé.

Au début le trafic était léger et les routes construites à bon marché pour servir au trafic existant. On n'a établi aucun plan préalable d'un réseau définitif, ce qui a eu pour résultat que l'établissement d'un système définitif au moment où la demande s'est fait sentir pour des routes pouvant supporter un trafic lourd a nécessité un programme très chargé de reconstruction. Les revenus annuels des impôts ont été utilisés à tel point pour la construction des routes que les fonds disponibles pour l'entretien étaient limités. Depuis l'établissement du réseau de l'État en 1913, les besoins de reconstruction ont été sensiblement égaux à la construction nouvelle.

La situation est la même aujourd'hui que les revenus annuels sont trois fois ce qu'ils étaient en 1913.

Donc, l'État de Connecticut a eu à faire face à : 1) des dépenses élevées pour l'entretien des routes causées par la nécessité de maintenir les routes en service aussi longtemps que possible ; 2) un réseau de routes dont les surfaces étaient insuffisantes parce que les fonds manquaient ; 3) des dépenses élevées d'exploitation des véhicules automobiles causées par les surfaces insuffisantes des routes.

Maryland *(Annexe C)*.

Le Maryland représente une situation économique presque similaire mais une solution différente, car son réseau de grandes routes a été financé entièrement par l'émission d'obligations dont le service était fourni par les impôts fonciers et l'entretien a été assuré par des taxes spéciales sur les véhicules automobiles. De bonne heure, en 1908, le réseau de l'État a été projeté et des obligations émises pour la construction complète du réseau qui a été terminé en 1918. On a ensuite ajouté une longeur de routes considérable et ces routes ont été complètement développées.

Grâce à ce que les taxes spéciales sur les véhicules automobiles ont été appliquées intégralement à l'entretien, les routes ont été très bien entretenues et une politique de reconstruire des routes bien adaptées au trafic lourd a pu être adoptée. Il en est résulté que les routes du Maryland sont aujourd'hui des modèles de ce que doit être la construction moderne de routes. On a récupéré en pratique 100 % du prix de revient des vieilles routes quand on en est arrivé à la reconstruction pour faire face aux nouveaux besoins du trafic moderne.

Illinois *(Annexe D)*.

L'Illinois est un État où l'amélioration systématique des routes a été retardée jusqu'à ce que le trafic soit arrivé à un développement marqué ; ce qui a nécessité un programme de construction accélérée pour les besoins de laquelle on a émis des obligations garanties par des taxes sur les véhicules automobiles.

Toute la construction sur le réseau des routes de l'État a été d'excellente qualité, ce qui a eu pour résultat des dépenses minimes d'entretien et des dépenses d'exploitation automobile également basses, dès que les routes ont été mises en service. Le premier réseau établi en 1917 a été plus tard agrandi et de nouvelles obligations ont été émises.

Bien que les obligations ne suffiront probablement pas à

compléter le réseau, la construction a été poussée à un point où les revenus des taxes sur les véhicules automobiles (plus un impôt sur l'essence de $ 0,03 à partir du 1er août 1929) suffisent largement au service en intérêt et amortissement des obligations, aux dépenses d'entretien des routes et laisseront un surplus suffisant pour terminer le réseau en payant au fur et à mesure la nouvelle construction dans un temps raisonnable.

Nevada *(Annexe E)*.

Le Nevada est un État de grande étendue et de population clairsemée où environ 80 % de la superficie sont du domaine public, où les distances sont très grandes et où le trafic est peu dense.

Cet État n'a pas créé d'administration routière et n'a pas projeté de réseau avant 1917 quand la Loi Fédérale l'a obligé à créer une administration routière pour recevoir des fonds fédéraux.

Ces fonds fédéraux se sont élevés en moyenne à plus de la moitié des dépenses globales sur les routes, et ont été augmentés par des taxes spéciales sur les véhicules automobiles et des impôts sur la propriété foncière.

Actuellement les subsides du Gouvernement Fédéral peuvent s'élever à 87 % des dépenses effectuées sur le réseau fédéral des routes dans cet État, parce que la loi a été modifiée pour tenir compte des domaines publics qui ne fournissent pas d'impôt à l'État.

On a construit de grandes longueurs de routes à surface de peu de qualité mais suffisante pour supporter le trafic qui est léger et en grande partie transcontinental.

RÉSULTATS COMPARÉS DES QUATRE POLITIQUES

La comparaison des statistiques pour ces quatre États donne le tableau suivant :

	Connecticut.	Maryland.	Illinois.	Nevada.
Véhicules automobiles enregistrés	310.000	285.000	1.504.000	27.376
Longueur totale des routes	14.000	14.800	97.000	22.000
Longueur totale du réseau de l'État	1.970	2.520	9.800	3.552
Longueur du réseau d'État avec surface	1.851	2.520	5.068	1.319
Pourcentage du réseau de l'État avec surface	94%	100%	51%	40%
Pourcentage total des routes comprises dans le réseau d'État	14%	17%	10,2%	16%
Longueur des routes de première qualité dans le système d'État	730	1.030	5.060	78
Pourcentage des routes de première qualité dans le réseau d'État	37%	41%	(51% (— (32% (1)	2%
Nombre de véhicules automobiles par mille, toutes routes.	22	18	15	1,2
Nombre de véhicules automobiles par mille, réseau de l'État	157	113	(152 (— (100 (1)	8

Donc, fondé sur le nombre de véhicules par mille des routes et par mille du réseau de l'État, il apparaît que le Connecticut n'a pas une longueur suffisante de routes de première qualité dans son réseau d'État. Une autre base de comparaison nous est fournie par l'argent dépensé par mille dans les réseaux tels qu'ils existent. Ainsi :

---

(1) Statistiques obtenues en amenant le réseau de l'Etat d'Illinois à la moyenne des trois autres Etats.

	CONNECTICUT (1895-1927)	MARYLAND (1898-1927)	ILLINOIS (1913-1927)	NEVADA (1917-1927)
Dépenses totales sur le réseau de l'Etat jusqu'à 1927 (1)	$ 95,142,031	$ 89,861,566 (2)	$ 260,000,000 (2)	$ 19,516,000
Dépense moyenne par mille du réseau de l'Etat (voir renvoi).	36,000	25,300	26,000	14,000
Coût moyen d'entretien par mille des routes et ponts de l'Etat	2,200	1,568	560	93
Dépense routière par véhicule automobile	300	315	170	710

Il apparaît que les routes du Connecticut représentent une dépense beaucoup plus élevée par mille.

SOMMAIRE

L'expérience aux États-Unis montre qu'il est désirable :

1) de centraliser les responsabilités ;
2) de créer un réseau de routes fondé sur des analyses de trafic ;
3) d'adopter un programme financier tenant compte de :

   a) la condition des routes,
   b) les disponibilités financières,
   c) le rapport des routes à construire ;

4) une bonne administration technique.

---

(1) Toutes les dépenses, y compris construction, entretien, administration, etc.
(2) Y compris le remboursement du capital de toutes les obligations et l'intérêt à maturité.

RENVOI : Ces chiffres ont été ajustés pour les différents genres de routes en multipliant la longueur des routes de première qualité par 2 et en ajoutant la longueur des routes de qualité inférieure, rendant ainsi comparables les statistiques de tous les États sur la base des dépenses pour les routes de qualité inférieure. Ces chiffres représentent toutes les dépenses y compris l'entretien, etc.

ANNEXES

ANNEXE A

REVENUS ROUTES RURALES, 1904-1927.

ANNÉES	OBLIGATIONS	% DU TOTAL	SUBSIDES Fédéraux	% DU TOTAL	TAXES d'Enregistrement des véhicules automobiles	IMPÔT SUR L'ESSENCE	% du total de toutes les taxes sur les Autos	IMPÔTS FONCIERS	% DU TOTAL	AUTRES REVENUS	% DU TOTAL	TOTAUX
1904	$ 3,350,470.95 (1)	»	»	»	»	»	»	$56,422,710.64(3)	»	»	»	$ 50,953,000 »
1909	»	»	»	»	$ 958,860 » (2)	»	»	»	»	»	»	»
1913	»	»	»	»	8,192,253 » (2)	»	»	»	»	»	»	187,524,193 »
1914	»	»	»	»	12,582,034 » (2)	»	»	»	»	»	»	240,263,784 »
1915	40,000,000 » (1)	»	»	»	18,000,000 » (2)	»	»	208,976,399 »	»	»	»	266,976,399 »
1916	»	»	»	»	25,865,309 » (2)	»	»	»	»	»	»	»
1917	»	»	»	»	37,501,233 » (2)	»	»	»	»	»	»	»
1918	»	»	»	»	51,447,419 » (2)	»	»	»	»	»	»	»
1919	»	»	»	»	64,097,253 » (2)	»	»	»	»	»	»	64,097,253 »
1920	»	»	»	»	102,546,212 » (2)	»	»	»	»	»	»	500,000,000 »
1921	458,109,273 »	58.1	$ 79,353,226 »	0.9	118,940,706 » (2a)	$ 3,685,460 » (2a)	»	415,680,010 »	36.2	95,689,221 »	8.2	1,149,437,896 »
1922	»	»	»	»	117,028,824.75 (2a)	11,925,442.61 (2a)	»	»	»	»	»	898,352,502 »(4)
1923	216,969,157 »	20.9	72,345,401 »	6.9	182,795,908 » (2a)	20,010,285 » (2a)	19.5	482,790,793 »	48.5	65,782,852 »	6.2	1,038,690,598 »
1924	250,190,271 »	22.4	91,400,832 »	8.6	201,673,149 » (2a)	64,782,017 » (2a)	25.0	503,153,849 »	»	37,564,169 »	3.2	1,157,763,087 »
1925	285,815,158 »	21.2	92,180,406 »	6.8	246,399,601 » (2a)	114,162,319 » (2a)	26.7	569,875,142 »	42.5	39,018,009 »	3.0	1,347,442,213 »
1926	250,354,063 »	17.0	80,459,671 »	5.5	297,715,804 » (2a)	209,551,700 » (2a)	33.5	599,214,726 »	39.8	68,712,386 »	4.6	1,515,208,940 »
1927	272,200,720 »	17.3	80,450,671 »	5.1	299,515,810 » (2a)	216,678,981 » (2a)	32.6	641,756,704 »	40.6	69,040,192 »	4.4	1,579,710,078 »

(1) Obligations rurales.
(2) Revenus bruts.
(2a) Sommes disponibles pour les routes de l'État.
(3) Compris les fonds des États pour les routes subventionnées.
(4) Non compris le service, en intérêts et amortissement, des obligations.

ANNEXE B

CONNECTICUT

Superficie.................... milles carrés	4.965
Population (1925).........................	1.531.255
Habitants au mille carré	306
Longueur totale des routes .... milles.	14.000
Longueur des routes du réseau de l'Etat, milles	1.970
Nombre de véhicules automobiles enregistrés.	310.000
Moyenne de la taxe d'enregistrement ...... $	23 ,80
Moyenne de l'impôt sur l'essence .... $	11 ,20
Moyenne du prix de revient par mille (1) .. $	36.000
Moyenne du prix d'entretien par mille ..... $	2.200
Date de l'établissement de l'administration routière de l'Etat.......................	1895
Date de l'établissement du réseau routier de l'Etat	1913

Le Connecticut est un Etat avec une population très dense, essentiellement urbaine et industrielle (plus de 80 % de la population habite les villes). Le développement des routes a commencé de bonne heure, au moment des premiers véhicules automobiles, s'est poursuivi progressivement au fur et à mesure de l'augmentation du trafic, et a été financé entièrement sur le rendement des impôts. C'est probablement le plus typique des Etats ayant adopté la politique du jour le jour.

Bien que le Connecticut a entrepris de bonne heure le développement de ses routes selon un plan d'ensemble, ses prévisions ont été faites en vue d'un trafic lent et léger. Il est résulté que pendant ces dernières années cet Etat s'est vu obligé d'entreprendre un lourd programme de reconstruction en même temps que se faisait sentir le besoin pressant d'une importante augmentation de son réseau de routes principales.

La situation du Connecticut, placée entre les Etats de New-York de Massachussetts et de Rhode-Island fait que le trafic en transit sur les routes du Connecticut est extrêmement intense.

---

(1) Appliquée aux routes de qualité inférieure.

Le Connecticut a créé une des premières administrations routières.

Des 1895, le Connecticut a créé une administration routière chargée du développement des routes principales en collaboration avec les « counties » et les villes, et ce jusqu'en 1913, quand un réseau de routes d'Etat a été créé.

Avant 1913 le développement des routes était en grande partie entre les mains des « counties » et des unités locales, et le financement des routes se faisait au moyen d'impôts fonciers.

Les routes à péage appartenant à des intérêts privés étaient assez nombreuses, mais au fur et à mesure que le contrôle de l'Etat augmentait, elles ont été absorbées par le réseau de l'Etat.

Adoption du Principe des subsides de l'État.

La participation de l'Etat dans le financement des routes a commencé par l'octroi de subsides égales au tiers du prix de construction des routes agréées par l'Etat ; un tiers était payé par les « counties » et un tiers par les villes. Les villes étaient responsables de l'entretien des routes.

En 1897, on a éliminé les « counties » et l'Etat et les villes se sont partagé par moitié les dépenses routières. La même année la création d'un réseau de routes d'après un plan déterminé a été préconisé.

En 1899, la participation des villes dans les dépenses de construction a été réduite.

En 1907, le mouvement en faveur d'un réseau de routes principales a pris forme et une campagne a été faite pour faire relier entre elles les différentes routes d'Etat.

En 1911, l'Etat a pris à sa charge l'entretien des routes principales, mais le réseau des grandes routes de l'Etat n'a été établi qu'en 1913.

Réseau de grandes routes construites et entretenues par l'État.

Lorsque en 1913, l'Etat a assumé la responsabilité de la construction et de l'entretien du réseau des grandes routes, la politique de subsides aux autres routes d'Etat a également été maintenue. En 1923, l'Etat s'est engagé à entretenir et à reconstruire les routes agréées aux mêmes conditions que les routes de son propre réseau.

Impôts sur les automobiles.

TABLEAU I.

Taxes sur les Véhicules Automobiles par année.

ANNÉES	Taxes sur les Automobiles.	Impôt sur l'essence.
1907-1908	₰ 61.747,50	»
1908-1909	58.534,65	»
1909-1910	162.275,10	»
1910-1911	230.120,89	»
1911-1912	255.124,06	»
1912-1913	324.963,45	»
1913-1914	406.623,54	»
1914-1915	536.970,09	»
1915-1916	768.727,91	»
1916-1917	1.059.066,10	»
1917-1918	1.506.686,84	»
1918-1919	1.361.898,44	»
1919-1920	1.816.809,93	»
1920-1921	2.126.772,88	»
1921-1922	3.405.084,75	»
1922-1923	4.227.767,23	»
1923-1924	5.058.908,75	962.479,44
1924-1925	5.582.071,25	1.130.255,54
1925-1926	6.110.728,74	2.404.725,59
1926-1927	6.837.584,78	2.886.648,54
1927-1928	7.360.782,87	3.106.932,49
Total.	₰ 49.059.249,53	10.491.041,60

L'enregistrement des véhicules automobiles n'a commencé qu'en 1903, et même alors n'avait aucun caractère fiscal.

Mais depuis les taxes d'enregistrement ont été continuellement augmentées dans le but d'augmenter les ressources disponibles pour le développement des routes. C'est surtout les taxes d'enregistrement des camions automobiles qui ont subi ces augmentations, ayant été augmentées à chaque session de la législature de 1911 à 1917.

L'impôt sur l'essence est venu s'y ajouter en 1921, mais jusqu'en 1923 le produit en a été versé aux fonds généraux.

Le montant de cet impôt par véhicule automobile est bien supérieur à la moyenne des Etats-Unis et atteint dans le Connecticut ₰ 35 contre ₰ 25 pour tous les Etats-Unis.

Les revenus des impôts sur les automobiles ont été versés aux fonds généraux jusqu'en 1908 et n'étaient pas réservés spécialement pour le développement des routes.

Le réseau des grandes routes date de 1913.

L'établissement en 1913 du réseau des grandes routes a entraîné immédiatement un supplément de dépenses.

A cette époque moins de 6 milles des routes de l'Etat avaient reçu une surface réellement moderne. La longueur totale des routes nivelées étaient de 924 milles dont 272 milles étaient en terre et le restant avait reçu une surface de macadam ou de gravier comprimé.

De 1895 à 1913 la dépense totale pour les routes de l'Etat et le réseau des grandes routes avait été de $ 7.302.000. Presque la moitié de cette somme a été dépensée dans la seule année 1913, fournie principalement par les impôts fonciers.

Revenu général employé pour les routes.

Lorsque les dépenses de l'Etat pour le développement des routes étaient limitées tous les ans à de très petites sommes, comme dans les années avant 1913, ces fonds ont été fournis entièrement par le revenu général. Les dépenses totales de l'Etat de Connecticut pour les routes n'ont atteint $ 1.000.000 par an qu'en 1910. Cette même année les impôts sur les automobiles ont rapporté $ 160.000.

Trois sources de revenu.

L'Etat a eu recours à l'impôt général pour une grande partie des fonds nécessaires au développement des routes, mais à partir de 1916 ces fonds ont été augmentés par les subsides fédéraux et à partir de 1913 par une amélioration notable du rendement des taxes sur les véhicules automobiles.

L'État fait supporter les charges par les usagers.

La politique de l'Etat a été d'augmenter toujours les charges supportées par les usagers. Ceci découle du fait que depuis 1913 tout l'entretien et la reconstruction des grandes routes a été payé au moyen de taxes sur les véhicules automobiles. De 1907 à 1923 l'entretien des routes de l'Etat a été payé sur le budget genéral, mais depuis cette dernière année est payé au moyen de taxes sur les véhicules automobiles.

Ainsi qu'il est dit ci-dessus, les taxes sur les véhicules automobiles ont été constamment augmentées.

La confrontation des dépenses annuelles de l'administration routières de l'Etat avec le rendement des taxes sur les véhicules automobiles montre que ces taxes arrivent presque à couvrir l'ensemble des dépenses routières.

La pénurie de fonds augmente le prix de revient.

Il est évident qu'un prix de revient élevé d'entretien des routes est une charge directe sur l'usager des routes dont les taxes doivent servir à faire face à ces frais. Bien plus, une autre charge qui retombe directement sur l'usager est le prix de revient élevé d'exploitation de son automobile causé par des conditions routières insuffisantes.

Une enquête sur les transports par routes faite par le *Bureau of Public Roads* des États-Unis en collaboration avec l'administration routière de l'État de Connecticut en 1922 et 1923 fait bien ressortir ces deux points.

« On a élargi et renforcé les vieilles routes, restées en service à l'extrême limite de leur durée utile, et on les remplace aussi rapidement que possible par des surfaces meilleures. Le capital initial a été récupéré dans la plus large mesure et il est peu ou pas de cas où la route construite est supérieure aux besoins du trafic. Au contraire on peut dire qu'un effort a été fait de prolonger l'existence des vieilles routes au delà de leur existence économique et il en est résulté de très lourdes dépenses. Il se peut que les ressources toujours limitées mises à la disposition de l'administration routière ne permettaient pas de faire autrement. Cette même restriction est cause que sur quelques-unes des routes les plus importantes on trouve encore des sections, formant ensemble une longueur considérable, qui sont totalement insuffisantes au trafic actuel.

Plus loin dans le même rapport on lit :

« Par suite de l'imposition de l'essence en 1921 et l'augmentation la même année des taxes sur les véhicules automobiles, les revenus tirés de ces sources suffisent aujourd'hui à payer 70 % du montant des dépenses brutes de l'État sur les routes, et même 90 % de ces dépenses si on tient compte des remboursements effectués par les villes. Il est peu d'États où le rendement des impôts sur les véhicules automobiles est si élevé et par conséquent il est peu d'États où les automobilistes peuvent avec plus de raison réclamer un développement routier entièrement satisfaisant. »

Pour fournir ce développement satisfaisant, le chef de l'administration routière de l'État estime qu'il faudrait reconstruire à peu près 1.300 milles du réseau des routes de l'État avant 1930. Comme on n'a pu arriver à reconstruire que 563 milles dans toute la période depuis 1913, il set évident que le travail projeté entraînerait une augmentation très considérable du budget routier de l'État.

« L'État se trouve aujourd'hui aux prises avec une situation où il est absolument nécessaire d'augmenter les ressources dont il dispose pour arriver à la reconstruction indispensable de routes déjà existantes, et il est douteux que ces ressources puissent être augmentées sans susciter une vive opposition. Il est certain qu'il serait impossible de demander aux automobilistes plus qu'une petite partie des ressources supplémentaires dont on a besoin. Mais, à moins de se procurer par un moyen quelconque les fonds nécessaires pour compléter le travail projeté par le chef de l'administration routière, il est certain que l'entretien des routes existantes ne tardera pas à devenir une charge encore plus lourde. »

L'extension constante du réseau.

En 1913, il y avait 924 milles de routes d'État en service, sur lesquelles 605 milles étaient des grandes routes et 319 milles des routes subventionnées par l'État.

La longueur des routes d'État est maintenant de 1.966 milles y comprenant les grandes routes et les routes subventionnées, ces dernières ayant presque entièrement perdu leur caractère propre.

Ces extensions ont contribué à grever les ressources que possédait le « Connecticut » pour faire face à son programme de construction et d'entretien.

La reconstruction et l'entretien en parfait état.

En 1928 la longueur totale des routes dans l'État de « Connecticut » atteignait 13.987 milles, dont 1.966 étaient de grandes routes ou des routes subventionnées. De ce dernier chiffre 1.851 milles avainet reçu une surface, mais seulement 723 milles ou 36 % avaient reçu une surface moderne.

Bien que l'État ait dépensé environ $ 13.000.000 en 1927 (le rendement des taxes sur les véhicules automobiles s'est élevé à $ 10.500.000), 34 % de toutes les dépenses ont été occasionnés par l'entretien des routes qui s'est élevé en moyenne à $ 2.200 par mille.

Le trafic nouveau exige la reconstruction.

La grande augmentation du trafic depuis 1913 a fait naître le besoin de changer le genre de surface des routes. Ceci a entraîné un programme important de reconstruction en même temps que la nécessité de routes nouvelles se faisait plus que jamais sentir.

Ainsi, à partir de 1913, l'État s'est vu obligé de faire pour la reconstruction de vieilles routes, un effort aussi considérable que pour la construction de routes nouvelles et à partir de 1925 la reconstruction est devenue même la plus importante.

De 1913 à 1923, un tiers de tout le travail fait était de la reconstruction, mais depuis 1923 la reconstruction s'est élevée à 65 % de toute la construction (voyez tableau 3).

Et ceci à une époque que moins de 40 % des routes du réseau de l'État avaient reçu des surfaces modernes.

Les fonds sont insuffisants pour le travail.

Le résultat de la politique du jour le jour dans l'État de « Connecticut » est qu'aucune dette publique, sous forme d'obligations routières n'existe, et qu'il n'y a pas d'intérêts à payer. D'un autre côté il ne faut pas perdre de vue l'état actuel du réseau et le grave doute qui existe si les fonds aujourd'hui disponibles permettront de donner aux routes des surfaces satisfaisantes sans charges excessives dues aux délais, au prix élevé de l'entretien, à la congestion du trafic et à l'exploitation onéreuse des véhicules automobiles.

Il semble que, dans le passé, les frais d'entretien étaient élevés, bien qu'ils comprenaient les frais de travaux de reconstruction considérables.

Les taxes d'enregistrement des automobiles et l'impôt sur l'essence ont fourni une bonne partie de l'argent dont on a tant besoin, mais leur rendement ne paraît pas avoir été assez considérable pour atteindre le but recherché dans un bref délai, bien que la taxe moyenne soit été suffisamment lourde.

On peut donc mettre en regard de l'inconvénient présenté par le service des obligations, les inconvénients suivants que font ressortir l'expérience du « Connecticut ».

1. Prix de revient élevé de l'entretein des routes, causé par l'effort de les conserver en usage le plus longtemps possible.

2. Un réseau de routes avec des surfaces insuffisantes, conséquence de la reconstruction massive devenue nécessaire pour porter le lourd trafic automobile.

3. Frais élevés d'exploitation des automobiles causés par les surfaces de qualité et de longueur insuffisantes.

4. Des taxes excessives sur les véhicules automobiles.

TABLEAU II.

Dépenses routières de l'État par année.

ANNÉES	TOTAL
1895	₡ 1.984
1896	43.546
1897	122.343
1898	78.722
1899	117.974
1900	99.159
1901	183.924
1902	129.429
1903	202.809
1904	181.589
1905	250.404
1906	167.886
1907	272.892
1908	346.470
1909	863.524
1910	1.200.946
1911	1.585.730
1912	1.453.512
Total 1895-1912.	₡ 7.302.843
1913	₡ 3.483.575
1914	3.423.218
1915	2.235.361
1916	1.950.948
1917	2.528.222
1918	3.569.306
1919	2.385.934
1920	5.634.366
1921	7.127.961
1922	5.997.849
1923	6.912.856
1924	8.689.959
1925	8.611.936
1926	10.503.716
1927	12.785.981
Total 1913-1927.	₡ 85.839.188

TABLEAU III.

Construction nouvelle et reconstruction par année.

ANNÉES	Construction en milles.	Reconstruction en milles.	Nombre de milles construites.
1911-1912	923,77	54,85	978,62
1912-1914	330,90	66,20	597,10
1914-1916	136,78	75,73	212,51
1916-1917	28,26	51,27	59,53
1917-1918	20,50	54,47	54,97
1918-1919	27,81	21,78	49,59
1919-1920	42,66	20,57	63,23
1920-1921	54,29	14,21	68,50
1921-1922	77,45	60,74	138,19
1922-1923	81,69	35,37	117,06
1923-1924	41,93	89,78	131,71
1924-1925	52,10	61,47	113,57
1925-1926	95,63	104,97	200,60
1926-1927	17,20	103,27	120,47
1927-1928	51,05	129,38	180,43

ANNEXE C

MARYLAND

Superficie .... Milles carrés	12.327
Population (1928 estimation)................	1.537.085
Habitants au mille carré....................	124 ,7
Longueur totale des routes..................	14.701
Longueur des routes du réseau d'État..........	2.519
Nombre de véhicules automobiles enregistrés...	285.000
Moyenne de la taxe d'enregistrement..........	$10 ,64
Moyenne de l'impôt sur l'essence	$19 ,02
Moyenne du prix de revient par mille (1)......	$25.300
Moyenne du prix d'entretien par mille.........	$1.600
Date de l'établissement de l'administration routière de l'État...........................	1898
Date de l'établissement du réseau routier de l'État	1908

L'État de « Maryland » a une population très dense, rurale et industrielle. Le financement du réseau des grandes routes s'est fait au moyen de l'émission d'obligations garanties par les impôts fonciers, les taxes sur les véhicules automobiles étant réservées pour l'entretien des routes. Dernièrement une partie de l'impôt sur l'essence a été consacrée au développement de routes secondaires sous le contrôle de l'État.

La longueur totale des routes dans le « Maryland » est de 14.701 milles dont 2.519 font partie du réseau de l'État, soit 17 %.

Tout le réseau de l'État a été amélioré : 1.029 milles ou 40 % ayant reçu des surfaces de première qualité.

Les routes du « Maryland » datent d'avant la révolution, beaucoup ayant été construites comme routes à péage par des sociétés privées. Avant la participation de l'État dans le développement routier, les « counties » ont construit et entretenu des routes sur le produit de l'impôt, principalement de l'impôt foncier.

---

(1) Appliquée aux routes de qualité inférieure.

Le « Maryland » reconnaît sa responsabilité.

L'intervention de l'État dans le développement des routes date de 1898, avec la nomination d'une commission consultative.

Ensuite en 1904 la participation effective de l'État a commencé par l'octroi d'un crédit de $ 200.000 sur les fonds publics pour le développement coopératif des routes les plus importantes.

En 1906, l'État a assumé l'entière responsabilité de la construction et de l'entretien de la grande route de Baltimore à Washington.

Première émission d'obligations routières en 1908.

En 1908 l'État tout entier s'était rendu compte de la nécessité d'avoir un réseau routier suffisant. La Commission routière a fait un rapport spécial dont les recommandations étaient :

1. Le développement d'un réseau de grandes routes et de routes tributaires.

2. La construction et l'entretien des grandes routes par l'État.

3. La construction et l'entretien du restant du réseau est payé moitié par l'État et moitié par les « counties ».

4. Le passage d'une loi pour l'expropriation des routes à péage.

Ce rapport a été approuvé par la législature qui a établi une Commission routière de l'État et autorisé l'émission de $ 5 millions d'obligations pour commencer le réseau de l'État.

Les plans du réseau.

Après une enquête approfondie, au cours de laquelle de nombreux témoignages ont été recueillis, la Commission routière de l'État a arrêté son choix sur un réseau routier de 1.300 milles dont le prix de revient était estimé à $ 15 millions.

L'État avait à faire son choix entre deux alternatives :

1. Ou augmenter très considérablement les impôts fonciers pour le développement des routes,

2. Ou émettre des obligations hypothécaires et s'acquitter du prix des routes au fur et à mesure de leur emploi.

C'est cette dernière alternative qui a été choisie, une émission de $ 5 millions d'obligations a été faite, suivie d'autres dont le total s'est élevé à $ 38 millions jusqu'en 1928 ; sur ces $ 38 millions d'obligations, $ 20 millions ont déjà été remboursés et $ 17 millions sont encore en cours.

Le « Maryland » a été le quatrième État à émettre des obligations.

Le « Maryland » a été le quatrième État aux États-Unis à émettre des obligations pour le développement de ses routes. Le « Massachusetts » a le premier adopté ce système en 1894, « New York and Rhode Island » en 1906 et « Maryland » en 1908.

Obligations à terme.

Les premières trois émissions d'obligations ont été placées remboursables par amortissements successifs, mais ce système a été abandonné en 1914 en faveur d'obligations à terme. Aucune obligation n'a été émise pour une durée de plus de quinze ans.

Comme nous l'avons dit, en 1928 l'État avait émis pour $ 38 millions d'obligations sur lesquelles $ 20 millions avaient été remboursés.

Les paiements en intérêt et principal sur les $ 20 millions d'obligations remboursées se sont élevés à $ 33 millions, il s'ensuit que le développement rapide du système routier a entraîné une dépense supplémentaire d'environ $ 13 millions portant sur une période de vingt années. (Voir tableau I.)

Premier réseau terminé en 1918.

Le réseau de 1.300 milles dont l'établissement fut décidé en 1908 et 1910 a été terminé en 1918. Le « Maryland » a donc été le premier État à décider la création d'un réseau complet de routes et à mener son entreprise à bonne fin.

Depuis lors le réseau a été presque doublé par l'adjonction progressive de 1.200 milles de routes qui elles aussi ont été construites sur le produit d'obligations émises.

Aujourd'hui l'État du « Maryland » voit approcher le moment où il pourra abandonner le système des obligations, pour le système du jour le jour, car son réseau est si complet que bientôt il pourra payer sur le rendement des impôts et taxes spéciales la construction nouvelle, ainsi que la reconstruction et l'entretien de toutes ses routes.

En 1927, la Commission Routière de l'État a dépensé plus de $ 10 millions sur la construction, l'entretien, l'administration et les intérêts et amortissements de ses obligations.

Pendant la même année, les taxes sur les véhicules automobiles et l'impôt sur l'essence ont rapporté plus de $ 7 millions.

Une lourde charge a été épargnée aux « counties ».

Jusqu'en 1927 les « counties » avaient émis pour $ 7.000.000 d'obligations — moins de 20 % du montant émis par l'Etat — et principalement pour la construction de routes latérales et d'intérêt local ne figurant pas dans le réseau de l'État.

Valeur des services rendus par le réseau de l'État.

Si on calcule la valeur des services rendus par le réseau de l'État à $ 0.01 par véhicule-mille, nous arrivons à $ 9.000.000 (l'enquête faite par l'Université du Maryland montre que plus de 1.000 véhicules circulent par jour sur le réseau de l'État).

Impôts raisonnables sur les automobiles.

Les véhicules automobiles n'ont été ni enregistrés, ni taxés jusqu'en 1910 et à cette époque on ne prévoyait qu'une source de revenus pouvant peut-être atteindre dans l'avenir « $ 100.000 par an ».

La moyenne de la taxe d'enregistrement était de $ 9.70 en 1913 mais aujourd'hui elle ne s'élève qu'à $ 7,50 avec en supplément un impôt sur l'essence de $ 0,04. La taxe d'enregistrement a été diminuée à l'introduction de l'impôt sur l'essence.

Le nombre de véhicules automobiles enregistré à augmenter de 14.000 en 1913 à 285.311 en 1928.

De plus, tous les véhicules automobiles sont considérés comme propriété personnelle et taxés comme telle.

L'État veut que les usagers entretiennent les routes.

Les routes ayant été construites par tous les contribuables, l'État de « Maryland » a voulu que ce fut l'usager qui les entretienne. Donc toute la construction, tout l'entretien, toutes les améliorations ont été faits sur le rendement des impôts sur l'automobile.

En 1926 la législature a autorisé l'emploi de $ 0,015 de l'impôt sur l'essence pour la construction de routes tributaires et $ 0,005 pour l'élimination des passages à niveau. Cela indique clairement que la politique de l'État est de transférer à l'usager la charge du développement des routes au fur et à mesure que le nombre et la puissance de paiement des usagers augmentent.

L'agriculteur est favorisé.

Les impôts sur les exploitations agricoles dans l'Etat du Maryland n'ont été augmentés que de 70 % en moyenne de 1913-1914 à 1921-1922, tandis que la moyenne de l'augmentation des impôts sur les exploitations agricoles dans tous les États-Unis pendant la même période est de 126 %.

La longueur des routes sur lesquelles se fait la distribution postale gratuite est de 11.152 milles, soit en somme sur toute la longueur des routes de l'État.

Par la construction d'emblée de son réseau,
l'État a gagné cinq ans.

Calculé d'après les ressources qui auraient pu être fournies par les impôts, les taxes sur les automobiles et les autres impôts qui ont servi à payer l'intérêt et l'amortissement sur ses obligations, l'État aurait probablement retardé d'au moins 5 ans la construction complète de son premier réseau de 1300 milles s'il n'avait pas eu recours à l'émission d'obligations. Grâce à l'émission des obligations, il a terminé le réseau primitif en 1918, et a depuis doublé son étendue et l'a complètement développé.

L'État est engagé aujourd'hui dans l'amélioration des surfaces des routes et cette amélioration est payée à titre de reconstruction par les véhicules automobiles.

Les routes tributaires sont en cours d'amélioration, le financement de quelques unes d'entre elles a été fait au moyen d'obligations, mais comme le rendement de l'impôt sur l'essence augmente toujours avec l'augmentation de l'usage que l'on fait des routes, les charges sont de plus en plus tranférées aux usagers.

En bref l'adoption du système des obligations a permis :

a) De gagner cinq années dans la construction du premier réseau de l'État de 1.300 milles (1918),

b) La possibilité de continuer le développement des routes en ajoutant 1.200 milles à partir de 1918.

c) La réduction du prix d'exploitation des automobiles grâce à (a) et (b).

d) Une augmentation de la valeur de la propriété foncière.

e) Une augmentation du bien-être économique et social des agriculteurs.

f) L'unification de l'État obtenu de bonne heure par un réseau complet de routes principales. (Le Maryland a été le premier État à terminer la construction définitive d'un réseau complet de routes).

g) La possibilité aujourd'hui de faire face immédiatement à toutes les demandes qui peuvent se produire pour l'élargissement ou le renforcement des routes principales et pour l'amélioration des routes latérales ou secondaires.

Note. — Les mots « Routes » et « Construction de routes » comprennent toutes les routes, ponts et rues formant partie du système routier de l'État. Les fonds obtenus au moyen des emprunts ci-dessus représentent pratiquement tout l'argent qui a été dépensé par l'État pour la construction de routes nouvelles. Jusqu'à ces derniers temps, les « counties » de l'État ont contribué une somme égale. L'argent nécessaire au service et remboursement de ces obligations est fourni par des impôts directs sur la propriété mobilière et immobilière. Toutes les taxes spéciales, taxes d'enregistrement de véhicules automobiles et $ 0,02 de l'impôt sur l'essence servent à la reconstruction et à l'entretien des routes. Les autres $ 0,02 de l'impôt sur l'essence sont employés à des constructions nouvelles et doivent servir à soulager les « counties » des contributions fournies par eux jusqu'à présent. La conclusion générale doit être que tous les contribuables ont construit les routes et que les automobilistes, les entretenaient jusqu'en avril 1927 quand l'impôt sur l'essence a été élevé de $ 0,02 à $ 0,04, et depuis ce moment les automobilistes contribuent également à la construction des routes.

TABLEAU II

ÉTAT DÉ MARYLAND

Obligations émises pour la construction des routes.

3o Septembre 1928.

Nom des obligations.	Emission totale.	Remboursement.	Obligations. en cours.	Intérèt.	Service (*) des obligations.
State Roads Loan	$ 5.000.000,00	$ 5.000.000,00	»	3¹/₂ 0/0	$ 2.625 000,00
Public Highways Loan	1.000.00,000	750.000,00	$ 250.000,00	4 0/0	595.000,00
State Loan of 1912	3.170.000,00	3.170.000,00	»	4 0/0	1.902.000,00
State Roads Loan of 1914	6.600.000,00	5.631.000,00	969.000,00	4 0/0	2.491.440,00
Consolidated Loan of 1913	40.000,00	40.000,00	»	4 0/0	24.000,00
Three Million Dollar Loand	2.700.000,00	1.738.000,00	962.000,00	4 0/0	960.318,00
Road Loan of 1918	3.000.000,00	1.519.000,00	1.481.000,00	4¹/₂ 0/0	1.091.250,00
Bridge Loan of 1920	250.000,00	69.000,00	181.000,00	4¹/₂ 0/0	66.825,00
Lateral et Post Road Loan, 1920	5.000.000,00	1.063.000,00	1.937.000,00	4¹/² 0/0	932.242,00
Lateral Post Road et Bridge Loan, 1922	5.150.000,00	675.000,00	2.475.000,00	4¹/₂ 0/0	738.900,00
Balto. Sou. Md. Trunk Line Road Loan	1.000.000,00	149.000,00	851.000,00	4¹/₂ 0/0	417.240,00
Lateral et Post Road Loan, 1924	4.500.000,00	264.000,00	4.236.000,00	4¹/₂ 0/0	794.340,00
Bridge et Grade Crossing Loan, 1924	900.000,00	54.000,00	846.000,00	4¹/₂ 0/0	158.760,00
Lateral et Post Road Loan, 1927	2.125.000,00	»	2.125.000,00	4¹/₂-4¹/₄ 0/0	61.875,00
Bridge Loan of 1927	1.000.000,00	»	1.000.000,00	4¹/₂-4¹/₄ 0/0	22.500,00
	$ 37.435.000,00	$ 20.122.000,00	$ 17.313.000,00		$ 12.881.690,50

(*) Service total de l'intérèt de chaque emprunt depuis la date d'émission jusqu'au dernier coupon semestriel avant le 3o septembre 1928.

TABLEAU II.

Enregistrement des Véhicules Automobiles et taxes payées par année.

ANNÉE	Nombre de véhicules enregistrés.	Taxes d'enregistrement.	Impôt sur l'essence.	TOTAL
1907	»	2.719	»	
1908	»	4.860	»	»
1909	»	3.016	»	»
1910	»	9.301	»	»
1911	»	75.000	»	»
1912	»	60.000	»	»
1913	14.217	158.845,91	»	»
1914	20.213	190.653,10	»	»
1915	31.047	285.859,27	»	»
1916	44.245	565.302	»	»
1917	60.943	807.395	»	»
1918	74.666	1.189.984	»	»
1919	95.634	1.776.410,22	»	»
1920	102.841	2.124.924,84	»	»
1921	156.249	2.460.162.04	»	»
1922	165.624	2.824.843,91	395.545,53	3.220.389,44
1923	169.351	3.536.955,20	737.896	4.274.851,20
1924	198.398	2.532.955	1.641.994	3.975.947
1925	234.247	2.576.501	2.005.632	4.579.933
1926	252.852	2.928.268	2.357.577	5.285.845
1927	270.935	2.987.912	4.314.297	7.302.209
1928	285.311	3.054.621	5.425.873	8.745.805

TABLEAU III.

Les étapes de la législation sur les routes en Maryland.

1666 Première loi sur les routes de 1.666, nommant des contrôleurs des routes par « county ».

1787 Essai de routes à péage appartenant à l'État.

1804 Essai de routes à péage appartenant à des sociétés privées.

1870 Routes mixtes publiques et privées.

1898 Création d'une commission consultative de l'Etat en vue de l'unification des sytèmes routiers des « counties ».

1904 Crédits consentis par l'Etat pour le développement routier. Crédit annuel : ($ 10.000).
($ 20.000).

1906 L'État assume la responsabilité de la construction et de l'entretien d'une grande route et accorde le crédit de $ 30.000 par an pour 3 ans.

1908 L'État assume la responsabilité d'un réseau de routes principales et autorise l'émission d'obligations pour sa construction et son entretien. Première émission $ 5.000.000.

1916 Coopération avec le Gouvernement Fédéral sur le réseau fédéral.

1922 Introduction de l'impôt sur l'essence.

1918-1928 Augmentation de la longueur du réseau routier de l'État, création de services nouveaux pour l'enlèvement des neiges, l'élimination des passages à niveau et des camps d'entraînements.

1924 Augmentation de l'impôt sur l'essence.

1926 Augmentation de l'impôt sur l'essence.

TABLEAU IV.

Dépenses de l'Administration des Routes d'État de Maryland
1898-1927.

1898-1907	$ 1.517.823
1908-1919	28.055.959 (1)
1920	3.000.000
1921	7.616.427
1922	5.181.125
1923	7.762.372
1924	12.727.535
1925	12.024.781
1926	10.597.544
1927	10.500.000 (1)
	$ 98.983.566
Obligations remboursées a déduire	20.122.000
	$ 78.861.566
Intérêts des obligations non remboursées à ajouter	11.000.000 (1)
	$ 89.861.566

(1) Estimation.

ANNEXE D

ILLINOIS

Superficie .... milles carrés — 23ᵉ	56.665
Population (Estimation 1925)...............	6.964.950
Habitants par mille carré	122 ,8
Longueur totale des routes	97.000
Longueur des routes de l'État	9.800
Nombre de véhicules automobiles enregistrés .	1.504.000
Moyenne de la taxe d'enregistrement	$10 ,32
Moyenne de l'impôt sur l'essence (Impôt de $0,03 à partir du 1ᵉʳ août 1929 qui représentera une moyenne de $15 par véhicule et par an)	
Moyenne du prix de revient par mille (1)....	$26.000
Moyenne du prix d'entretien par mille	$360
Date de l'établissement de l'administration routière de l'État.	1913
Date de l'établissement du réseau routier de l'État	1917

L'« Illinois » est un État où le développement systématique des routes a été retardé jusqu'après que le trafic eut atteint une intensité marquée, ce qui a nécessité un programme de construction rapide auquel il a fallu faire face par l'émission d'obligations dont le service était assuré par des impôts sur les véhicules automobiles. L'État est principalement agricole sur une grande superficie et possède une population importante. La population dans le Nord de l'Etat est presque entièrement urbaine et industrielle, environ les 2/3 de la population se trouvent dans des villes de plus de 10.000 habitants.

La longueur totale des routes s'élève aujourd'hui à 97.287 milles composés comme suit :

Réseau de l'État..................................	9.890
Routes subventionnées ou réseau secondaire........	23.011
Routes locales	64.386

---

(1) Appliqué aux routes de qualité inférieure.

Le réseau de l'État est construit et entretenu par le département des Routes, le réseau subventionné est construit par les « counties » sous le contrôle de l'État et payé avec des fonds alloués par l'État. Si les « counties » désirent construire des routes plus rapidement que ne le permettent les fonds disponibles, ils ont le droit de financer leur construction à condition que les plans soient approuvés par le Département des Routes. Chaque fois que des routes ainsi construites sont ajoutées au réseau de l'État et sont d'une qualité suffisante, l'État peut rembourser aux « counties » le prix de leur construction. Mais ces routes continuent à être entretenues par les « counties ».

Aucune action de l'État jusqu'en 1913.

Avant 1913 toute la construction et l'entretien des routes rurales était entre les mains des « counties », des villes ou des divisions politiques locales.

Le financement des routes se faisait au moyen d'impôts personnels (payables en argent ou en travail), par des impôts sur la propriété foncière et quelques autres revenus divers, perçus et dépensés sur place. Il existait une longueur considérable de routes à surface très légère, entièrement sous le contrôle des autorités locales, mais aucun réseau ou système complet de routes n'existait, aucun effort uniforme ni concerté n'avait été tenté pour la création d'un tel réseau.

Subvention de l'État en 1913.

Ces conditions et le besoin urgent du développement des routes ont eu pour résultat le passage en 1913 par la législature d'une loi par laquelle était créée l'administration routière de l'État. Cette loi prévoyait également un réseau reliant les routes principales des « counties » dont la longueur serait d'environ 17.000 milles.

De plus, cette loi prévoyait la nomination d'un surintendant des routes pour chaque « counties ».

Taxe des automobiles allouée aux « counties ».

Bien que la taxe sur les véhicules automobiles date de 1911 le rendement n'était alors que de $75.000, mais en 1913 cette taxe a rapporté $500.000 ce qui représentait l'enregistrement d'environ 95.000 véhicules automobiles.

La loi de 1913 prévoyait que tous les revenus des taxes sur les véhicules automobiles seraient versés par l'État aux « counties » à condition que chaque « counties » se procure une somme égale au moyen des impôts locaux.

Contrôle restreint de l'État.

Les « counties » avaient le droit de choisir le genre de construction qui devait être approuvé par l'administration routière de l'État. Les dépenses de construction étaient partagées par moitié, la partie incombant à l'État étant fournie par les revenus des taxes sur les véhicules automobiles. Les routes à surface de première qualité étaient entretenues par l'État, les routes de qualité intermédiaire étaient entretenues à compte à demi. Les routes de qualité inférieure étaient entretenues par les « counties ».

On s'est vite aperçu que cette méthode de développement des routes, tout en faisant ressortir pleinement la valeur des bonnes routes, avait pour résultat final un réseau où des routes de différentes qualités se rejoignaient sans suite ni ordonnance.

Egalement on s'est aperçu que les revenus alloués aux « counties par l'État aussi bien que les revenus fournis par les impôts des « counties » étaient tout à fait insuffisants pour la construction d'un réseau complet.

L'intensité du trafic était maintenant arrivé à un tel point qu'il fallait prendre le taureau par les cornes aussi bien en ce qui concernait le financement que l'administration des routes.

Émission d'obligations an 1917.

En 1917 on a procédé à une réoganisation complète des Départements de l'État et le département routier de l'État est devenu la Division des Routes dans le département des Travaux Publics. Pendant la même session de la Législature une loi autorisant l'émission de $ 60 millions d'obligations a été approuvée pour le financement du réseau complet de routes de l'État dont le total serait d'environ 4.800 milles. Daprès cette loi, le service des obligations, en intérêt et amortissement, devait être payé sur les revenus des taxes sur les véhicules automobiles et tout le surplus qui resterait après ce paiement devait être employé à la construction des routes.

Cette loi a été soumise à un referendum en 1918 et a été adoptée par une majorité de 3 contre 1.

Réseau établi par le Directeur des routes.

Le projet du réseau complet de routes prévues par cette loi a été établi par le Directeur et l'Ingénieur en Chef des Routes, et approuvé par le Chef du Département des Travaux Publics ainsi que par le Gouverneur de l'État.

Comme la longueur totale des routes dans l'État s'élève à 97.000 milles le réseau de l'État formait donc environ 5 % du total.

Coopération du Gouvernement Fédéral.

C'est à cette époque que le Gouvernement Fédéral a commencé à fournir des subventions financières aux États.

Les principales ressources disponibles pour la construction du réseau de l'État étaient donc :

1. Produit de l'émission des obligations (intérêts et amortissement payables sur les taxes sur les véhicules automobiles).

2. Subsides du Gouvernement Fédéral,

3. Le surplus des taxes sur les véhicules automobiles.

4. Divers revenus de peu d'importance.

Comme on le voit l'État n'a pas eu recours aux impôts fonciers pour le développement de son système routier, ni directement ni pour le service des obligations. Mais la construction et l'entretien des routes urbaines et rurales devaient être assurés entièrement par les ressources fournies par les impôts des villes et « counties ».

L'État se réserve les taxes sur les automobiles.

Puisque le service, en intérêts et amortissement des $60 millions d'obligations était garanti par les revenus des taxes sur les véhicules automobiles, l'État se réservait toutes ces ressources. Même l'entretien du réseau routier de l'État et d'autres routes pour lequel l'État était responsable, passaient au second plan.

Mais plus tard (1929) suivant l'exemple de presque tous les autres États, l'Illinois par un impôt sur l'essence s'est créé une ressource qui permettra d'allouer aux « counties » une partie des revenus fournis par les automobiles.

Besoin de ressources supplémentaires.

On s'est de suite rendu compte que les $60 millions d'obligations émises ne suffiraient pas à compléter le réseau complet de 4.800 milles qui avait été décidé et ensuite que le réseau devrait être agrandi au fur et à mesure de l'augmentation du trafic.

En 1923 la législature a approuvé une loi qui a ajouté 5.000 milles au réseau de l'État et autorisé une nouvelle émission de $100 millions d'obligations pour sa construction.

D'autres ressources seront nécessaires.

Le réseau routier de l'État comprend aujourd'hui 9.800 milles, soit environ 10 % de la longueur totale des routes de l'État. Bien que seulement 5.900 milles de ce réseau avaient reçu des surfaces définitives à la fin de 1928 toutes les surfaces étaient de première qualité.

Il reste encore disponible $23.000.000 de la dernière émission et 3.900 milles à recevoir une surface définitive. Le tableau I donne les indications sur le surplus des revenus des taxes sur les automobiles après le service en intérêts et amortissement des obligations. Le tableau II montre les dépenses annuelles qui s'élèvent à une moyenne de $ 27.000.000.

Avec le surplus actuel des revenus des taxes sur les automobiles, qui dépasse $ 10.000.000 par an, les fonds fédéraux de $ 3.000.000 par an et les revenus du nouvel impôt sur l'essence de $ 20.000.000 par an, il est évident que le réseau de l'État qui reste à terminer peut être entièrement construit avec le surplus provenant des taxes actuelles et les nouveaux revenus en 3 ou 4 ans, sans émission de nouvelles obligations. L'État reçoit deux tiers, les « Counties » un tiers des revenus du nouvel impôt sur l'essence).

Il est évident que le coût de l'entretien s'élevera au fur et à mesure que la construction augmente, mais le prix de revient de l'entretien est extrêmement bas grâce à la haute qualité des routes construites.

Impôt sur l'essence pour compléter le réseau.

Se rendant compte que l'émission des $100 millions d'obligations ne suffirait pas à compléter le système, l'État a imposé l'essence à $0,02 en 1927 ; $0,01 devant aller à l'État pour la construction du réseau routier de l'État, et $0,01 devant aller aux « counties », dans la même proportion qu'ils percevraient la taxe sur l'enregistrement des automobiles, pour servir à la construction des routes du réseau subventionné ou des routes secondaires.

Cette loi a été déclarée inconstitutionnelle en 1928 et une nouvelle loi a été adoptée par la législature au début de 1929 portant l'impôt sur l'essence à $0,03. Comme il est indiqué plus haut, cet impôt fournira un surplus des taxes sur les automobiles, suffisants pour compléter le réseau de l'État.

L'État pourra alors continuer la construction des routes secondaires, élargissant et renforçant le réseau actuel dans les environs des grandes villes, faire des travaux de nivellement et eonstruire des routes parallèles.

Le système des obligations a eu des avantages pour l'usager des routes.

La moyenne de la taxe d'enregistrement des véhicules automobiles ressort à environ $10. Si on y ajoute l'impôt sur l'essence on arrive à une contribution annuelle d'environ $25 par véhicule automobile ce qui correspond à la moyenne actuelle pour tous les Etats-Unis. Ceci suffira apparemment à compléter les travaux de surface sur tout le réseau routier actuel, à amortir complètement les obligations, à entretenir les routes et à fournir une balance pour le développement des routes secondaires et pour une amélioration progressive du réseau de l'État.

Des tableaux annexés montrent :

1º Le produit de l'émission des obligations par an. Le service des obligations en intérêt et amortissement et le surplus des taxes sur les véhicules automobiles.

2º Les dépenses de l'administration routière de l'État.

3º La longueur des routes d'État construites par an.

4º Nombre des véhicules automobiles enregistrés et le rendement des taxes.

5º Les dépenses locales.

TABLEAU I

ILLINOIS

L'émission des

TABLEAU I

ILLINOIS

Obligations

ANNÉES	PRODUIT des Émissions d'obligations pour les Routes	AMORTISSEMENT de l'Émission de $ 60.000.000	AMORTISSEMENT de l'Émission de $ 100.000.000	INTÉRÊT sur l'Émission de $ 60.000.000	INTÉRÊT sur l'Émission de $ 100.000.000	TOTAUX des services, en intérêts et amortissements, des deux Émissions	REVENU DES TAXES SPÉCIALES sur les Véhicules Automobiles			SURPLUS du Revenu des Taxes Automobiles sur le Service des Obligations
							Enregistrement	Impôt suressence	TOTAL	
1921 .	$ 4,709,477.78	$ »	»	$ »	$ »	$ »	$ 6,862,125.83	$ »	$ 6,862,125.83	$ 6,862,126 »
1922 .	12,023,966.76	»	»	96,120 »	»	96,120 »	7,904,219.71	»	7,904,219.71	7,808,100 »
1923 .	24,100,867.70	»	»	661,340 »	»	661,540 »	9,689,702.77	»	9,689,702.77	9,028,363 »
1924 .	17,704,000 »	»	»	1,388,813.35	»	1,588,815.35	11,557,838.94	»	11,557,838.94	10,169,026 »
1925 .	23,452,600 »	»	»	2,156,823.72	550,480 »	2,678,303.72	13,050,977.39	»	13,050,977.39	10,363,673 »
1926 .	4,955,100 »	2,000,000 »	»	2,403,143.18	1,107,700 »	5,510,843.18	13,937,579.64	»	13,937,579.64	8,426.737 »
1927 .	12,157,100 »	2,000,000 »	»	2,326,149.75	1,279,860 »	5,606,009.75	15,589,365.19	3,955,047.72	19,542,412.91	13,936,403 »
1928 .	55,048,600 »	1,999,000 »*	»	2,255,480 »	1,914,536.11	6,149,016.11	15,069,850.35	2,159,728.14	17,509,558 47	11,300,542 »
Totaux .	$ 134,149,712.24 **	$ 5,999,000 »	»	$ 11.267.870 »	$ 4,852,576.11	$ 22,099,446.11	$ 93,661,639.80	$ 6,502.775.86	$ 100,054,413.66	$ 77,954,970 »

(*) Un coupon de $ 1.000 n'a été présenté au remboursement qu'en janvier 1929.

(**) Les chiffres de la première colonne représentent l'argent frais obtenu par la vente de $ 137.000.000 d'obligations.

TABLEAU II

DÉPENSES ROUTIÈRES DE L'ÉTAT D'ILLINOIS

ANNÉES	DÉPENSES DE L'ÉTAT POUR					TOTAUX
	Construction de routes et de ponts.	Entretien des routes et des ponts.	Amortissement des obligations.	Intérêts des obligations.	Divers.	
1921.	$ 15.236.655,05	$ 358.658,85	$ »	$ »	$ 4.000,00	$ 15.599.295,88
1922.	21.727.088,97	640.503,01	»	96.120,00	»	22.465.711,98
1923.	29.885.810,06	1.110.054,41	»	661.340,00	»	51.655.184,47
1924.	57.417.474,90	2.044.860,69	»	1.588.813,55	»	40.851.143,94
1925.	51.554.041,51	1.854.637,74	»	2.687.505,72	»	56.075.982,97
1926.	16.495.059,05	2.264.770,58	2.000,00	3.510.845,18	»	24.270.672,79
1927.	21.961.462,82	2.721.444,45	2.000,00	3.606.009,75	»	50.288.917,02
1928.	44.462.809,00	2.859.756,51	1.999,00	4.150.016,11	»	53.471.581,62
Totaux. . .	$ 218.738.381,32	$ 13.834.666,24	$ 5.999,00	$ 16.100.446,11	$ 4.000,00	$ 254.676.493,67

TABLEAU III

Longueur des routes déjà construites par années.

(en milles).

Années.	Réseau de l'État ou Réseau principal.	Rés. subventionné ou Réseau secondaire.	Total.
1914..........................		53 58	53 58
1915..........................		100 27	100 27
1916..........................		135 41	135 41
1917..........................		184 38	184 38
1918..........................	6 77	93 36	100 13
1919..........................	152 54	102 06	254 60
1920..........................	270 60	94 92	365 52
1921..........................	285 62	128 32	413 94
1922..........................	546 95	194 15	741 10
1923..........................	858 31	226 71	1.085 02
1924..........................	1.018 21	211 27	2.229 48
1925..........................	786 86	119 54	906 40
1926..........................	361 79	101 95	463 74
1927..........................	522 98	145 46	668 44
1928..........................	1.075 27	229 48	1.304 75
	5.885 90	2.120 86	9.006 76
Moins l'élargissement et les longueurs reconstruites.....	11 03	277 47	288 50
Total	5.874 87	1.843 39	8.718 26

Le tableau suivant montre la qualité ou le caractère des routes qui ont été construites dans l'État de l'Illinois pendant les années 1913 à 1928 inclus :

Type.	Longueur en milles.
Ciment	7.260 78
Brique	153 63
Asphalte	34 21
Ciment bitumé	6 87
Macadam bitumé...	58 85
Gravier	186 61
Total	7.700 95

TABLEAU IV

Nombre de Véhicules Automobiles enregistrés dans l'Illinois.

ANNÉES	NOMBRE DE VÉHICULES
1913	94.646
1914	131.140
1915	180.832
1916	248.429
1917	340.252
1918	389.761
1919	478.438
1920	568.759
1921	670.452
1922	785.378
1923	969.092
1924	1.132.641
1925	1.627.734
1926	1.375.191
1927	1.443.579
1928	1.508.907

ANNÉES	Taxe d'enregistrement.	Impôt sur l'essence.	Total.
1913	₡ 507.154,77	»	₡ 507.134,77
1914	703.403,70	»	703.403,70
1915	924.905,74	»	924.905,74
1916	1.242.509,65	»	1.242.509,65
1917	1.587.772,69	»	1.587.772,69
1918	2.762.567,53	»	2.762.567,53
1919	3.262.176,57	»	3.262.176,57
1920	5.893.586,02	»	5.893.586,02
1921	6.663.910,22	»	6.663.910,22
1922	7.861.211,21	»	7.861.211,21
1923	9.630.367,77	»	9.630.367,77
1924	11.513.957,05	»	11.513.957,05
1925	12.936.882,13	»	12.936.882,13
1926	14.047.207,86	»	14.047.207,86
1927	14.839.593,29	3.904.547,87	18.722.141,16
1928	15.521.582,88	2.391.202,84	17.912.785,72
Total. . . .	₡109.898.769,08	₡ 6.295.750,71	₡116.194.519,79

TABLEAU V

Dépenses locales routières dans l'Illinois par année.

ANNÉES	TOTAL
1913	$ 7.102.976
1914	7.634.422
1915	9.089.455
1916	9.564.701
1917	9.646.273
1918	9.939.660
1919	13.149.672
1920	14.206.308
1921	15.920.082
1922	14.216.503
1923	12.363.607
1924	12.221.928
1925	12.340.755
1926	11.805.397
1927	11.526.188

ANNEXE E

NEVADA

Superficie .... milles carrés	110.690
Population	80.000
Longueur totale des routes	23.659
Longueur des routes du réseau de l'État	3.552
Nombre de véhicules automobiles enregistrés ..	27.376
Moyenne de la taxe d'enregistrement	$9,10
Moyenne de l'impôt sur l'essence	$19,40
Moyenne du prix de revient par mille (1)	$14.000
Moyenne du prix d'entretien par mille	$93
Date de l'établissement de l'administration routière de l'État	1917
Date de l'établissement du réseau routier de l'État.	1917

Le Névada est un État de très grande superficie et de population très peu dense. Environ 80 % de la superficie de l'État sont des domaines publics (appartenant au Gouvernement Fédéral) et comme tels sont exempts de toute imposition par l'État, ce qui a pour résultat de reporter toutes les charges du financement, de la construction et de l'entretien des routes sur les 20 % de la superficie appartenant à des propriétaires privés.

Il n'existe que peu de villes importantes fort éloignées les unes des autres. RENO est la ville principale avec une population de 20.000 habitants et se trouve à l'extrême nord-ouest de l'État. La seconde ville est LAS VEGAS qui compte 6.000 habitants et qui est située à l'extrême sud de l'État. ELY et MC GILL, villes minières, à 15 milles l'une de l'autre, sont à l'extrême est de l'État et ont une population totale de 7.000 habitants. ELKO dans le nord a une population de 3.500 habitants. Ces centres de population sont en moyenne à 500 milles les uns des autres.

Le climat de la majeure partie de l'État est très aride ; parmi les industries les mines tiennent le premier rang suivi par l'élevage bovin et ovin, ensuite vient l'agriculture qui dépend entièrement de l'irrigation.

---

(1) Appliquée aux routes de qualité inférieure.

La longueur totale des routes de l'État est de 23.700 milles dont 3.554 milles appartiennent au réseau de l'État, soit 16 % du total.

Le développement des routes date de 1917.

L'administration routière de l'État a été créée en 1917 pour satisfaire aux exigences de la Loi fédérale pour la construction co-opérative des routes postales.

Au moment de la création de cette administration il a été fait un dénombrement de toutes les routes de l'État dont le total s'élevait à 22.000 milles, en majorité à sens unique, c'est-à-dire consistait en routes ou chemins ne livrant passage qu'à un seul véhicule.

La construction et le financement de ces routes et de ces chemins avaient été assurés par les « counties », mais leur entretien n'était que sommaire.

Au moment de la création de l'administration routière de l'État il n'existait en tout dans le « Nevada » qu'environ un millier de véhicules automobiles.

Le développement routier actuel, tant en ce qui concerne la construction que l'entretien, est dû entièrement à l'administration routière de l'État. Les « counties » collaborent avec l'administration routière pour la construction des routes dans les « counties » qui font partie du réseau de l'État et font face aux dépenses au moyen du fonds routier des « counties » dont il est question ci-dessous.

Politique financière.

La législature en créant l'administration routière de l'État avait voté un crédit de $40,000 auxquels on a ajouté un impôt foncier de l'État, les taxes d'enregistrement des automobiles et une partie du revenu des courses.

Mais en sus, la loi obligeait les « counties » a créer un fonds routier au moyen d'un impôt foncier spécial dont le rendement devait être dépensé dans le « county même sur le réseau de l'État et sous le contrôle de l'ingénieur en chef des routes de l'État.

Des émissions d'obligations ont été faites par l'État de Névada en 1920, 1921, 1925, 1927 et 1928, s'élevant en tout à la somme de $ 1.100.000 dont le remboursement s'effectue, en intérêts et capital, au moyen des taxes sur les véhicules automobiles.

Une étude des revenus routiers de l'État en 1928 fait ressortir que les impôts perçus par l'État pour le besoin des routes sont descendus à un chiffre insignifiant (remplacés comme il est dit ci-dessous par un impôt mobilier). Les « counties » continuent à fournir une bonne partie du revenu. La taxe d'enregistrement des véhicules automobiles et l'impôt sur l'essence avec les subsides du gouvernement fédéral, fournissent la majeure partie des revenus routiers de l'État. Le surplus des taxes d'enregistrement sur les automobiles après que le service des obligations a été fait, est disponible pour le développement des routes.

Réduction des impôts fonciers.

En 1917, une taxe pour les routes de $0.07 a été perçue sur chaque $100 de propriété foncière imposable de l'État. Cette taxe fut portée à $0.10 pour 1918, 1919 et 1920, réduite à $0.06 pour 1921, 1922, 1923 et 1924, réduite à $0.02 pour 1925 et 1926, et supprimée pour 1927 et 1928. Toutefois, en 1928 une loi fut passée qui fixa à $0.05 le taux de la taxe pour le maintien des routes.

Les subsides fédéraux s'élèvent à la moitié des dépenses routières.

Des amendements récents à la Loi fédérale sur les routes ont permis au gouvernement fédéral de contribuer jusqu'à concurrence de 87 % à la construction des routes faisant partie du réseau fédéral, ceci en raison des domaines publics, appartenant au gouvernement fédéral, qui se trouvent dans l'État de « Nevada ». De 1917 à 1928 la moitié des ressources routières de l'État provenait des subsides du gouvernement fédéral.

La taxe sur les véhicules automobiles date de 1913.

L'enregistrement des véhicules automobiles en 1913, la première année que cette mesure a été appliquée, a donné un total de 1.093 véhicules ayant payé en taxes la somme de $3.322. D'après la loi, cette somme devait être placée dans une réserve pour les routes et être distribuée aux « counties » lorsque le montant en aurait atteint $25.000, pour être alors employée au développement des routes.

En 1915, la Loi fut modifiée et les taxes d'enregistrement graduées d'après la puissance des moteurs. En 1917, le revenu des taxes sur les véhicules automobiles allaient directement à l'État. En 1919, l'assise des taxes d'enregistrement a été complètement changée et le rendement versé intégralement à la caisse d'amortissement des obligations routières du « Nevada ».

Une nouvelle modification en 1923, prévoit que le rendement de ces taxes soit versé au fonds routier de l'État, après déduction des frais de perception et du service, en intérêts et amortissement des obligations.

La taxe d'enregistrement a été réduite en 1926 et ressort en moyenne à $ 9,00 par véhicule, tandis que l'impôt sur l'essence produit une moyenne de $ 19 par véhicule et par an.

Impôt sur l'essence en 1923.

Un impôt sur l'essence de $ 0,02 par bidon de cinq litres a été voté en 1923 et le produit de cet impôt distribué à concurrence de $ 60.000 au fonds routier de l'État et la balance distribuée *pro rata* aux « counties ».

En 1925 cet impôt a été porté à $ 0,04 et le rendement net partagé par moitié entre le fonds routier de l'État et le fonds routier des « counties ».

Surfaces en général de basse qualité.

Ces impôts ont fourni les fonds au moyen desquels 1.561 milles de routes du réseau de l'État, sur un total de 3.554, ont reçu une surface. Mais seulement 73 milles, ou 5 %, ont reçu une surface de première qualité.

Bien que l'État de « Nevada », de par sa situation, reçoit un trafic transcontinental et de transit assez lourd, il existe peu de routes où le trafic soit assez intense pour justifier une dépense plus grande.

Le nombre de véhicules automobiles enregistrés dans l'État s'élève maintenant à 27.376 véhicules — automobiles et camions — soit environ un véhicule pour chaque trois habitants Mais cela ne représente que huit véhicules par mille des routes de l'État. Ceci confirme la nécessité et la possibilité d'un développement fondé sur une dépense très modérée par mille.

Les enquêtes annuelles sur le trafic font ressortir une augmentation du trafic, mais en 1928 il n'existait qu'une seule route où le trafic s'élevait à 3.000 véhicules par jour, une autre où le trafic dépassait 2.000 véhicules par jour, et quatre où l'on comptait 1.000 véhicules par jour. Ces chiffres sont établis d'après des statistiques recueillies à 45 endroits sur le réseau de l'État.

Unification des dépenses.

Les dépenses sont restées à peu près au même niveau excepté en 1924 et 1925 quand un supplément de subsides du gouvernement fédéral a été dépensé. Au fur et à mesure que l'impôt sur l'essence produisait plus de disponibilités, les impôts spéciaux de l'État ont été réduits et le résultat est resté à peu près constant.

Les frais d'entretien ont augmenté avec l'augmentation de la longueur des routes, mais la moyenne du prix de revient de l'entretien des routes dans tout l'État ne dépasse pas $ 93 par mille.

D'après l'intensité du trafic sur le réseau de routes de l'État, la méthode actuelle de financement paraît donner des résultats satisfaisants, et les enquêtes annuelles sur le trafic permettent de se rendre compte de la valeur des services rendus par le réseau routier.

NEVADA : Recettes et dépenses des Routes d'État.

RECETTES

	1917-1918	1919	1920	1921	1922	1923	1924	1925	1926	1927	1928	TOTAL
budgétaires	$ 40,000 »	»	»	»	»	»	»	»	»	»	»	40,000 »
de l'État	181,050.53	$ 706,576.68	$ 113,000.86	$ 203,061.89	$ 141,980.72	$ 117,645.14	$ 119,466.05	$ 120,194.54	$ 10,511.67	$ 42,290.80	$ 1,151.85	$ 1,267,775.15
...s d'Automobiles	95,851.10	36,758.25	329.75	»	»	»	90,877.15	259,195.85	51,567.72	97,797.58	109,719.02	710,690.12
...ur l'essence	»	»	»	»	»	»	60,000 »	156,119.05	230,589.75	255,501.50	259,751.32	959,771.58
...s Courses	17,024.09	7,451.02	29,655.18	11,998.61	20,866.97	25,624.57	»	9,600 »	»	11,145.91	7,515.05	129,592.18
...ursements divers	195.16	181.89	»	50.81	605.19	6,750.16	1,156.07	26 »	90.97	10,040.51	4,988.24	24,058.50
...et services	»	15,680.44	94,750.02	76,926.10	69,454.58	144,405.63	110,995.06	124,958.44	88,255.82	98,529.51	256,745.80	1,055,867.55
...ursements de droits de circulation	»	6,076.78	»	»	»	»	»	»	»	»	»	6,076.78
...ions routières de l'État	»	»	475,000 »	525,000 »	»	»	»	100,000 »	»	100,000 »	100,000 »	1,100,000 »
...ents du Gouvernement fédéral, compte construction	»	125,576.65	585,906.75	566,500.65	755,815.17	1,287,060.51	2,150,500.15	1,755,855.75	950,747.40	995,545.02	1,010,954.95	9,940,611.52
des « counties », compte construction	»	88,982.23	225,211.53	459,976.51	751,555.08	415,595.50	548,504.67	420,680.97	590,481.85	345,029.91	245,287.44	5,170,792.58
des « counties », compte entretien routes d'État	»	»	»	»	»	»	»	»	»	32,000 »	17,000 »	59,000 »
des « counties », compte entretien	»	»	15,580 »	10,000 »	18,152.00	18,021.11	14,872.47	15,712.05	95,644.27	20,885.56	15,172.96	75,441.74
du Lincoln Highway Ass., compte construction	»	»	»	»	»	»	»	»	»	»	»	71,496.60
du Utah-Nevada-California Ass., compte construction	»	»	»	»	»	»	»	7,200 »	16,651.47	»	»	25,851.47
du San Francisco-Bay City Ass., compte construction	»	»	»	»	»	»	»	»	»	25,000 »	»	25,000 »
des villes, compte construction	»	»	»	»	25,205.70	14,878.84	42,552.31	59,708.62	13,152.71	180.45	3,529.50	115,105.72
des passages à niveau, compte construction	»	»	»	»	»	»	41,505.52	17,710.58	58,982.54	36,155.25	18,574.47	155,296.65
...spéciaux, compte entretien	»	»	»	»	2,000 »	»	»	»	»	»	»	2,000 »
...à recevoir	»	7,730.56	43,496.18	80,192.07	37,019.61	68,751.07	78,092.07	28,051.68	28,299.96	45,775.10	35,501.64	442,297.90
...ation sur Chantier Lahontan	»	»	»	24,597.90	»	»	»	»	»	»	»	34,597.90
Totaux	$ 302,121.58	$ 486,085.40	$ 1,576,150.65	$ 1,759,085.60	$ 1,808,658.20	$ 2,077,582.76	$ 3,200,585.12	$ 3,016,171.19	$ 1,871,005.51	$ 2,090,971.51	$ 2,095,941.76	$ 10,714,125.60

DÉPENSES

	1917-1918	1919	1920	1921	1922	1923	1924	1925	1926	1927	1928	TOTAL
...ction des routes	»	$ 509,895.57	$ 1,160,581.07	$ 1,099,020.91	$ 1,207,692.50	$ 1,905,594.48	$ 2,711,020.57	$ 2,411,509.98	$ 983,329.90	$ 1,489,650.77	$ 1,362,795.82	$ 14,614,471.96
...t cadastre	$ 56,874.62	45,349.50	60,001.76	45,618.03	98,959.03	114,561.55	64,194.80	61,197.20	55,567.60	55,586.92	61,177.01	693,587.11
...res des Chantiers	»	4,415.65	98,008.52	»	»	»	»	4	»	»	»	100,525.57
...res outillages	24,687.09	83,896.90	72,212.83	57,924.28	47,525.55	30,845.47	12,411.82	11,176.21	11,900.18	510.93	35,796.18	365,995.60
... Reno	»	»	»	54,615.09	45,287.54	71,558.54	100,921.08	111,686.99	75,152.18	81,605.47	201,001.91	744,844.80
Lahontan	»	»	»	5,547.67	16,250.62	558.06	1,015 » Cr.	»	560 »	»	1,554.05 Cr.	18,137.52
Vista	»	»	»	»	»	»	»	27,905.70	1,110.21 Cr.	9,068.51 Cr.	468.70 Cr.	17,517.49
Hated	»	1,088.55	»	547.50	154.83	»	»	»	»	»	»	1,560.86
...à recevoir	»	16,115.58	48,204.69	125,501.47	1,645.65	83,088.06	55,207.72	23,511.50	26,555.82	32,875.67	34,505.47	426,500.55
3r — Remboursements	7,508 »	19,125.48	10,000 »	8,946.89	1,550.82	»	»	»	»	»	»	46,107.17
...tration	54,979.40	38,393.07	60,155.72	59,088.59	60,221.61	74,851.86	96,852.27	98,756.21	95,766.81	79,958.04	58,515.11	765,556.81
...n des routes d'État	18,566.54	29,330.21	41,121.16	53,801.20	61,907.55	110,721.87	122,788.60	216,714.62	306,891.52	545,500.28	359,202.08	1,615,455.60
des routes de « counties »	»	»	»	»	»	»	»	23,565.81	15,864.82	25,505.62	19,122.92	82,257 »
Totaux	$ 114,812.05	$ 627,563.75	$ 1,553,986.75	$ 1,400,379.49	$ 1,650,005.50	$ 2,304,544.55	$ 3,142,581.06	$ 2,985,994.05	$ 1,567,125.82	$ 2,001,278.57	$ 2,028,008.51	$ 19,515,941.51

TABLEAU 1

Taxes sur l'enregistrement des Automobiles de 1913 à 1928.

ANNÉES	Nombre de Véhicules.	Taxes.
1913	1.093	∉ 3.322,94
1914	1.683	4.331,08
1915	2.000	7.298,01
1916	4.655	17.721,85
1917	6.725	31.717,50
1918	8.151	31.082,75
1919	9.305	37.550,75
1920	10.464	103.518,33
1921	10.821	125.410,32
1922	12.647	120.944,38
1923	15.698	153.481,10
1924	18.892	181.969,85
1925	21.681	209.251,02
1926	24.222	209.919,71
1927	25.815	229.839,32
1928	27.376	249.110,62

TABLEAU II

**Longueur des routes construites par l'administration routière
de l'État avec indication de leurs surfaces.**

	milles
Nivelées et drainées..........................	125,28
Surface en gravier	1.241,25
Ciment et asphalte	1,96
Macadam et asphalte	20,56
Ciment	50,99
Surface bitumée	121,66
Total	1.561,70

ANNEXE F

LICENCES AUTOMOBILES, TAXES D'ENREGISTREMENT, IMPOTS SUR L'ESSENCE ET REVENUS MOYENS PAR VÉHICULE.

ANNÉES	Nombre de véhicules enregistrés.	Taxes d'enregistrement.	Impôts sur l'essence.	Revenus bruts.	Moyenne par véhicule.
1895	4	»			
1896	16	»			
1897	90	»			
1898	800	–			
1899	3.200	–			
1900	8.000	»			
1901	14.800	$ 951.00 (1)			
1902	25.000	1.682.00			
1903	52.900	26.865.00			
1904	55.000	35.411.00			
1905	78.000	62.500			
1906	107.000	192.706			
1907	142.000	334.916			
1908 (2)	197.500	48.277			
1909 (3)	294.000	958.860		$ 958.860	$ 3.26
1910	472.700	2.297.434		2.297.434	4.70
1911	677.000	3.967.475		3.967.475	5.85
1912	1.010.529	5.638.878		5.638.878	5.60
1913	$ 1.258.062	$ 8.192.255		$ 8.192.255	$ 6.50
1914	1.711.339	12.382.031		12.382.051	7.20
1915	2.445.666	18.245.711		18.245.711	7.43
1916	3.512.996	25.865.369		25.865.369	7.35
1917	4.983.340	37.301.235		37.301.235	7.55
1918	6.146.617	51.477.419		51.477.419	8.35
1919	7.566.446	64.497.255	$ 1.022.514 (4)	65.719.769	8.63
1920	9.251.941	102.546.212	1.363.902	103.910.114	11.25
1921	10.463.295	122.478.654	5.382.111	127.860.765	12.22
1922	12.238.375	152.047.823	12.703.088	164.750.911	13.46
1923	13.099.177	188.970.992	38.537.530	227.357.530	13.07
1924	17.591.981	225.492.252	80.442.295	305.934.547	17.39
1925	19.934.347	260.619.621	148.358.087	408.977.708	20.50
1926	22.011.395	288.282.352	187.603.231	475.885.583	21.65
1927	23.127.315	301.061.152	258.966.851	560.027.983	24.21
1928	$ 24.495.124	$ 322.630.025	$ 304.871.766	$ 627.501.791	$ 25.62

(1) État de New-York seul. Le premier État ayant institué la taxe d'enregistrement.

(2) Taxes d'enregistrement en 1908 et avant (d'après « Facts and Figures of the Automobile Industry »).

(3) Avant 1909, les licences n'étaient pas obligatoires partout, ce n'est qu'à partir de cette année que les moyennes obtenues ont une réelle signification.

(4) Un État seulement. Les chiffres pour 1929 comprendront pour la première fois tous les 48 États. Chaque année quelques États ont levé un impôt sur l'essence et maintenant il existe dans les 48 États.

Note. Tous les chiffres représentent des revenus bruts.

DÉPARTEMENT DE L'AGRICULTURE
BUREAU DES ROUTES PUBLIQUES

DES ÉTATS-UNIS D'AMÉRIQUE

Revenu brut et fonds disponibles, 1927, pour les routes et ponts des États sous le contrôle des administrations routières des États pendant l'exercice fiscal.

Établi d'après les rapports des autorités des États.

ÉTATS	Exercice	Fonds disponibles	En main au début de l'exercice fiscal	%	Recettes brutes pendant l'exercice total	%	Obligations (ont émises ou bons à court terme, etc.)	%	Impôts pour les routes	%	Crédits votés par les États pour les routes	%	Revenus divers pour routes	%	Taxes sur les véhicules automobiles pour routes	%	Impôt sur l'essence pour les routes	%	Transferts des «counties», etc.	%	Fonds fédéraux employés sur réseau fédéral	%
Alabama	9/30	$12.007.547	1.986.205	15,0	$10.801.050	85,0	$4.000.517	40,0	»		»		$55.457	0,4	$2.587.876	18,8	$1.854.279	11,6	$165.752	1,3	$1.251.175	9,0
Arizona	6/30	2.175.471	158.639		2.375.910	100,0	»		$615.596	25,1	$245.000	9,5	»	»	176.876	14,5	574.263	18,6	11.000	0,4	724.244	28,1
Arkansas	12/31	22.105.740	150.548	0,6	22.025.292	90,4	15.257.625	60,7	»		»	»	281.253	1,5	5.662.272	16,5	4.528.736	19,6	»	»	505.405	2,3
California	12/31	27.517.218	4.229.610	15,5	27.517.608	85,0	»	»	»		5.888.894	21,4	»	»	4.058.016	14,6	10.509.924	38,5	584.639	1,3	2.439.073	8,8
Colorado	11/30	6.918.499	1.878.885	27,1	5.039.616	73,9	»		1.241.166	17,9	»	»	70.600	1,1	729.013	10,5	1.710.651	24,2	100.200	1,0	1.138.156	16,6
Connecticut	6/30	22.998.016	8.285.610	36,0	14.712.404	64,0	»		»		3.166.500	13,8	1.207.795	5,5	6.857.585	29,7	2.886.678	12,5	»	»	615.876	2,7
Delaware	12/31	5.751.500	606.561	16,5	5.141.958	85,7	775.057	20,7	»		»	»	62.003	1,7	816.210	22,7	652.504	16,9	200.482	8,0	510.864	13,7
Florida	12/31	24.149.559	4.677.049	19,4	19.472.510	90,6	»		148.859	0,6	»	»	457.903	1,9	4.525.651	18,7	8.245.691	34,1	4.400.841	18,5	1.688.402	7,0
Georgia	12/31	15.564.247	1.266.517	8,2	19.097.950	91,8	»		»		34.623	0,5	5.500.794	25,5	4.985.111	32,1	2.724.652	17,8	»	»	2.745.750	17,0
Idaho	12/31	4.558.261	738.178	16,2	5.822.083	85,8	»		532.225	7,5	15.000	0,3	41.435	0,9	195.310	4,2	1.609.057	36,6	505.800	11,1	1.067.196	23,4
Illinois	12/31	56.040.502	1.710.922	4,5	54.929.611	95,5	12.176.086	33,2	»		15.844	»	197.685	0,6	15.580.303	42,6	5.953.048	10,8	240.809	1,4	2.097.913	8,2
Indiana	9/30	17.215.215	2.980.954	17,0	14.292.861	85,0	»		»		»	»	558.443	2,1	5.147.181	29,9	6.461.275	57,5	»	»	3.073.554	12,1
Iowa	11/30	29.525.055	9.040.726	20,4	25.702.527	70,6	492.708	1,7	»		150.000	0,9	1.105	»	9.251.819	51,4	2.866.656	9,7	84.959	0,9	2.424.515	24,8
Kansas	12/31	16.500.292	537.248	2,5	16.152.044	97,7	»		»		»	»	145.259	6,5	229.859	10,5	2.656.900	57,5	255.561	10,5	995.545	44,8
Kentucky	6/30	12.142.576	2.521.120	»	11.805.006	100,0	»		877.181	6,0	»	»	423.112	3,2	1.850.580	25,5	4.204.856	29,4	477.880	21,0	435.850	9,3
Louisiana	12/31	13.027.130	565.216	4,5	12.165.914	95,5	2.035.855	15,6	»		»	»	85.097	0,7	4.198.527	31,6	2.979.648	22,9	2.165.169	16,6	1.072.770	8,5
Maine	12/31	9.928.074	5.516.722	55,5	8.411.500	85,7	506.550	5,1	724.058	7,5	348.563	3,5	1.987.750	15,0	2.678.151	27,0	1.890.966	19,1	355.447	5,4	652.174	6,5
Maryland	9/30	12.524.294	1.725.411	13,7	10.800.825	86,3	1.805.555	14,9	2.921.856	23,5	329.601	2,6	2.905.915	17,6	1.684.362	15,3	»	»	1.072.205	8,0	720.455	5,8
Massachusetts	11/30	19.848.751	724.557	5,8	18.524.194	95,2	1.149.578	6,0	1.152.228	5,0	42.125	0,2	12.438.459	65,4	»	»	»	»	2.638.130	14,0	885.704	4,7
Michigan	6/30	29.842.441	5.615.316	12,8	96.027.000	87,2	»		»		905.017	3,5	10.403.825	55,0	40.818.434	55,6	1.437.686	4,8	2.540.694	47,7	[illegible]	
Minnesota	12/31	26.759.455	6.828.888	25,5	19.910.667	74,5	»		1.906.196	7,5	»	»	10.229.000	58,3	5.355.794	18,8	207.559	2,1	660.205	2,9	2.056.564	7,7
Mississippi	1/31	7.549.256	1.990.541	25,5	5.569.715	75,8	»		»		105.354	1,4	2.200.649	59,0	8.195.278	86,6	»	»	1.044.008	13,8	1.945.109	35,7
Missouri	12/31	50.859.580	7.061.448	22,9	25.777.971	77,1	5.157.200	16,7	»		606.558	2,0	6.355.032	26,6	»	»	»	»	205.275	11,5	5.468.125	14,2
Montana	6/30	1.790.582	106.581	6,0	1.685.801	94,0	»		»		54.805	5,1	550.885	29,6	»	»	»	»	»	»	804.789	50,0
Nebraska	11/30	9.755.096	2.600.955	44,6	7.554.051	75,5	»		»		»	»	1.088.571	14,2	2.656.900	57,5	»	»	»	»	»	
Nevada	11/30	2.175.516	66.793	»	2.522.513	100,4	400.000	4,5	42.291	1,9	145.239	6,5	229.859	10,5	»	»	»	»	»	»	»	
New Hampshire	12/31	1.884.105	1.130.046	25,1	5.554.003	76,9	»		»		201.892	4,2	1.850.680	57,6	4.258.664	25,8	456.682	1,2	1.071.675	7,8	[illegible]	
New Jersey	12/31	57.899.086	7.977.887	21,0	29.921.250	79,0	9.000.000	25,8	5.817.624	15,4	17.170	»	10.195.585	29,9	3.378.555	8,9	»	»	»	»	»	
New Mexico	12/31	5.086.654	5.921	0,1	5.081.750	99,9	1.226.550	24,1	544.896	6,6	229.344	4,5	43.042	0,9	228.555	5,5	1.470.969	25,0	66.140	1,5	1.782.591	55,0
New York	12/31	105.585.522	49.961.171	58,5	55.522.561	51,7	5.675.089	5,6	»		10.770.176	10,1	197.605	0,2	18.000.080	17,4	»	»	8.132.316	7,9	3.647.196	5,5
North Carolina	6/30	55.969.850	17.109.798	51,7	56.851.042	68,5	20.000.000	57,0	»		4.125.472	2,1	5.805.610	10,9	3.420.604	15,4	»	»	»	»	1.715.556	5,2
North Dakota	6/30	5.742.708	799.151	15,0	5.545.557	85,0	»		»		85.068	1,0	977.177	18,5	928.888	17,4	2.650	»	»	»	2.540.694	47,7
Ohio	12/31	54.079.802	2.528.470	8,5	51.541.589	92,0	»		»		142.984	0,4	25.100.655	74,0	5.659.867	10,6	»	»	»	»	2.567.801	7,0
Oklahoma	12/31	17.588.181	»	1,1	11.755.960	88,5	»		»		87.246	0,5	5.550.000	19,2	4.798.000	56,1	3.152.437	25,6	1.206.557	9,1	4.111.522	9,8
Oregon	12/31	11.296.580	850.486	7,5	10.416.112	92,5	»		»		178.296	1,6	4.620.000	59,5	3.887.685	54,5	618.670	5,5	4.411.522	9,8	[illegible]	
Pennsylvania	12/31	74.210.617	24.981.620	55,7	49.228.910	66,5	»		»		25.878	»	299.817	0,1	37.745.481	57,6	11.821.004	15,9	5.772.177	7,8	5.509.491	47,4
Rhode Island	11/30	7.604.710	652.550	8,6	6.952.580	91,4	5.500.000	46,0	497.164	2,6	»	»	2.069.675	27,0	729.907	9,6	15.850.807	70,0	»	»	420.576	5,6
South Carolina	12/31	22.604.281	252.925	1,1	22.551.556	98,9	»		»		256.086	1,1	2.152.401	9,4	3.010.389	15,5	16.272	0,2	1.193.542	5,0	[illegible]	
South Dakota	12/31	7.594.661	1.557.415	18,1	6.057.245	81,9	»		174.296	2,4	300.000	1,1	1.485.054	20,0	2.075.669	28,0	5.275.691	20,7	717.508	9,7	[illegible]	
Tennessee	6/30	15.857.446	955.201	5,9	11.904.245	94,1	2.500.000	15,8	58.014	0,2	14.020	»	1.640.270	25,1	»	»	»	»	1.812.485	11,5	[illegible]	
Texas	8/31	25.878.495	565.821	1,4	25.512.644	98,6	»		»		»	»	96.811	0,4	11.160.715	45,2	7.463.797	28,8	1.817.510	7,0	4.905.006	19,2
Utah	12/31	4.498.215	628.547	14,0	5.865.871	86,0	»		70.028	0,6	202.920	4,5	651.000	14,0	1.305.500	29,0	552.754	12,5	1.148.689	25,6	[illegible]	
Vermont	12/31	4.480.567	250.000	5,6	4.276.567	94,4	»		142.970	5,2	355.425	7,6	158.554	3,5	1.789.551	59,2	905.214	20,2	255.558	5,2	701.695	15,6
Virginia	6/30	15.688.797	1.220.601	7,8	14.468.192	92,2	»		1.958.029	12,4	86.458	0,4	271.078	1,7	5.121.150	52,7	5.910.097	24,9	1.289.527	8,2	1.808.806	11,9
Washington	12/31	8.627.901	»	»	8.627.901	100,0	»		»		»	»	»	»	5.895.658	65,2	5.798.458	44,0	229.056	2,7	690.119	8,1
West Virginia	12/31	25.885.117	6.604.715	27,5	17.950.455	74,5	5.500.000	76,7	»		»	»	55.906	0,2	5.752.510	15,5	5.676.579	45,5	4.205	»	1.261.552	5,7
Wisconsin	6/30	21.550.825	4.560.954	20,2	17.189.891	79,8	»		»		»	»	116.570	0,6	9.544.217	45,1	4.157.929	80,5	954.207	4,5	2.557.069	11,0
Wyoming	12/31	2.207.787	19.678	1,5	2.218.129	98,5	»		94.585	2,9	»	»	848.617	25,9	556.256	16,4	756.049	25,1	55.900	1,7	929.726	28,5
Totaux		$422.409.420	$13.211.098	17,5	$ ... 785.7.8	80,2	$40.959.250	9,9	$18.709.561	2,0	$30.784.645	3,5	$12.409.705	1,4	$29.834.186	28,2	169.818.475	8,4	$76.659.189	8,5	$80.450.671	8,7
			−2.526.927																			
			$182.734.151																			

RESSOURCES. Fonds et revenus applicables au financement des routes d'État.

1. Chiffres en 1926.

2. Non compris $983.489 de fonds des «counties» déjà portés en 1926 comme balance en réserve.

3. Y compris $644.498 omis comme balance en réserve en 1926.

REVENUS POUR LES ROUTES DES " COUNTIES " ... ET LES ROUTES LOCALES, 1927 DES ÉTATS-UNIS D'AMÉRIQUE

DÉPARTEMENT DE L'AGRICULTURE — BUREAU DES ... ROUTES PUBLIQUES

Revenus pour les routes locales et fonds disponibles, 1927, à l'usage des autorités locales (" Counties ", villes, districts) pour les routes et ponts locaux.

ÉTATS	Total des fonds disponibles.	Réserve de l'année précédente	Revenu total pendant l'année.	Recettes de la vente des obligations.	Impôts pour les routes locales.
Alabama.	$ 12.347.378	$ 1.210.185	$ 11.107.193	$ 722.169	$ 5.855.452
Arizona.	1.785.669	126.079	1.659.690	»	529.713
Arkansas.	9.686.000	125.285	9.560.717	»	2.250.000
California.	45.285.989	14.455.816	30.851.473	1.722.756	12.182.852
Colorado.	5.505.946	989.239	5.321.707	»	2.750.187
Connecticut.	2.881.346	81.956	2.799.389	»	»
Delaware.	2.173.525	265.557	1.608.186	510.431	230.054
Florida.	93.529.155	33.226.007	60.103.148	57.763.651	13.967.307
Georgia.	13.171.868	2.485.251	10.688.617	1.565.500	9.705.067
Idaho.	6.906.797	2.079.131	4.827.666	65.500	3.075.054
Illinois.	29.512.568	»	29.512.568	1.165.750	27.501.879
Indiana.	48.050.500	9.427.514	38.611.786	10.824.028	24.405.904
Iowa.	27.155.004	4.501.214	22.652.750	782.128	15.091.917
Kansas.	52.175.700	8.505.685	45.581.021	2.708.067	12.755.654
Kentucky.	10.289.976	»	10.289.976	5.461.505	6.101.879
Louisiana.	16.810.767	6.545.825	10.465.074	820.781	6.790.185
Maine.	2.664.054	D. — 85.527	2.716.581	40.000	800.000
Maryland.	4.915.605	»	4.915.605	1.509.082	2.478.507
Massachusetts.	15.209.500	149.500	15.060.000	140.000	600.000
Michigan.	54.957.475	10.462.975	44.485.580	7.425.556	26.480.709
Minnesota.	25.452.459	875.000	22.579.159	1.020.000	17.450.104
Mississipi.	37.072.695	9.477.298	27.585.527	9.112.105	10.551.402
Missouri.	12.476.000	1.085.579	11.672.691	455.856	9.187.477
Montana.	5.835.000	1.200.000	4.635.000	120.000	2.650.000
Nebraska.	10.251.507	878.109	9.575.258	»	5.640.108
Nevada.	1.588.954	510.353	1.078.601	55.000	650.586
New Hampshire.	3.786.850	»	3.786.950	»	2.140.060
New Jersey.	29.571.947	1.124.435	28.447.514	16.222.037	»
New Mexico.	731.808	70.595	661.555	221.086	290.217
New York.	44.291.171	3.291.474	40.000.000	»	29.960.701
North Carolina.	55.564.800	1.156.800	54.206.000	9.612.000	12.125.000
North Dakota.	5.899.115	1.250.000	4.649.115	»	3.724.855
Ohio.	86.170.000	15.108.000	72.972.000	17.680.000	44.122.000
Oklahoma.	17.288.500	2.049.722	15.238.578	1.500.000	8.750.000
Oregon.	14.450.000	1.500.000	12.950.000	1.000.000	4.500.000
Pennsylvania.	77.809.800	17.251.000	60.568.800	10.952.250	21.051.000
Rhode Island.	958.654	27.549	951.105	780.000	»
South Carolina.	20.466.856	720.176	19.946.680	15.657.844	1.798.246
South Dakota.	5.525.159	»	5.585.179	»	5.901.990
Tennessee.	25.749.558	8.168.545	15.580.015	5.346.869	8.908.642
Texas.	55.255.000	8.512	55.045.000	10.590.000	16.700.000
Utah.	2.051.211	571.961	1.479.251	»	1.292.785
Vermont.	1.200.000	15.000	1.185.000	»	600.000
Virginia.	14.512.000	4.110.000	10.202.000	1.588.000	4.068.000
Washington.	10.450.000	750.000	9.700.000	95.000	8.500.000
West Virginia.	16.870.000	5.600.000	13.270.000	5.500.000	9.080.000
Wisconsin.	54.016.924	1.861.956	52.155.668	5.515.021	14.725.521
Wyoming.	596.625	1.061	595.564	»	87.585
Totaux	$ 1.018.721.541	$ 178.107.618	$ 840.615.925	$ 181.080.953	$ 405.219.774

Note : (1) Surtout des obligations à brève échéance.

Appropriations provenant du fonds général	Taxe d'enregistrement.	Impôt sur l'essence.	Fonds d'État pour routes locales	Revenus divers.	ÉTATS
1.592.251	$ 42.069	$ 3.227.680	$ »	$ 2.967.972	Alabama.
210.825	163.476	529.644	93.900	137.072	Arizona.
149.500	»	»	6.661.217	200.000	Arkansas.
5.157.615	2.000.689	7.821.574	135.100	910.878	California.
131.850	494.541	1.175.099	551.895	993.557	Colorado.
2.799.589	»	»	»	»	Connecticut.
1.081.229	»	»	283.800	2.072	Delaware
72.715	1.108.076	5.104.991	»	4.086.516	Florida.
2.277.117	»	2.078.790	»	1.061.984	Georgia.
»	1.225.062	»	133.062	313.008	Idaho.
»	»	»	»	641.955	Illinois.
1.531.086	»	1.848.074	»	2.691	Indiana.
550.643	»	5.628.727	722.505	3.868.052	Iowa.
585.000	»	7.054.320	»	500.000	Kansas.
»	464.261	»	»	262.555	Kentucky.
1.617.216	»	»	101.600	1.158.982	Louisiana.
1.886.581	»	»	»	100.000	Maine.
708.491	»	»	»	329.065	Maryland.
7.500.000	»	»	8.475.000	345.000	Massachusetts.
»	7.020.476	»	2.024.355	1.556.504	Michigan.
980.500	»	»	1.075.255	1.475.600	Minnesota.
2.556.089	2.085.058	2.164.256	»	1.526.379	Mississipi.
759.200	»	»	10.030	1.260.028	Missouri.
320.000	1.250.000	»	75.000	290.000	Montana.
715.097	2.559.999	»	52.135	425.515	Nebraska.
113.207	5.521	235.812	1.556	57.120	Nevada.
1.579.914	»	»	66.606	560	New Hampshire.
8.556.550	2.851.488	»	837.439	»	New Jersey.
67.731	150.691	360	3.727	8.881	New Mexico.
»	4.747.160	»	5.290.070	»	New York.
1.463.000	»	»	»	(1) 10.978.000	North Carolina.
275.000	647.721	»	1.589	»	North Dakota.
»	2.400.000	5.520.000	3.250.000	»	Ohio.
1.200.000	2.589.280	2.599.318	»	800.000	Oklahoma.
800.000	1.450.000	180.000	1.150.000	850.000	Oregon.
15.546.000	»	2.495.000	1.501.550	8.944.000	Pennsylvania.
821.829	»	»	72.290	47.576	Rhode Island.
1.135.255	»	1.905.040	»	1.452.506	South Carolina.
156.000	1.187.519	»	161.753	157.747	South Dakota.
776.898	»	110.572	»	2.885.052	Tennessee.
600.000	4.145.000	»	150.000	350.000	Texas.
110.500	»	»	»	65.948	Utah.
285.000	»	»	500.000	»	Vermont.
»	»	1.882.000	»	2.704.000	Virginia.
820.000	780.000	115.000	780.000	810.000	Washington
»	»	»	»	90.000	West Virginia.
4.695.612	»	1.589.502	3.458.557	2.975.675	Wisconsin.
498.247	»	»	8.655	151.009	Wyoming.
$ 72.692.737	$ 40.250.855	$ 16.860.508	$ 57.984.554	$ 56.655.744	

97898. — IMPRIMERIE GÉNÉRALE LAHURE

9, rue de Fleurus, Paris. — 1929.

COMITÉS NATIONAUX

ALLEMAGNE
Prés. : FRANZ VON MENDELSSOHN.
Sec. gén. : E. HAMM, Neue Wilhelmstrasse, 9-11, Berlin, N. W.7. ("Deutschgruppe, Berlin". — Tél. : Zentrum 3565-3569).
Com. adm. : Dr. Gerhard RIEDBERG, 38, Cours Albert Ier, Paris 8e ("Deutschgruppe, Paris 86". — Tél. : Élysées 62-56).

AMÉRIQUE (ÉTATS-UNIS D')
Prés. : Thomas W. LAMONT.
Dir. : John P. GREGG, c/o Chamber of Commerce of the U.S.A., 1615, H. Street, Washington, D.C. ("Cocusa, Washington ").
Com. adm. : Henry C. MAC LEAN, 38, Cours Albert Ier, Paris 8e ("Paramsec, Paris 86". — Tél. : Elysées 94-77).

AUSTRALIE
Prés. : Alfred BRIGHT, C.B.E.
Sec. : P. C. OAKS, c/o Chamber of Commerce, Melbourne.
Com. adm. : Owen JONES, 38, Cours Albert Ier, Paris 8e ("Ascomerint, Paris 86". — Tél. : Élysées 62-56).

AUTRICHE
Prés. : Friedrich TILGNER.
Sec. gén. : S.E. Richard RIEDL, Stubenring, 8-10, Vienne 1 ("Hagekammer, Vienne". — Tél. : 73500).
Com. adm. : Richard FURTH, 146, avenue Malakoff, Paris 16e (Tél. : Passy 29-22).

BELGIQUE
Prés. : Maurice DESPRET.
Sec. et Com. adm. : Gustave L. GÉRARD, 33, rue Ducale, Bruxelles ("Belginaco, Bruxelles". — Tél. : Bruxelles, 24775).

DANEMARK
Prés. : Dr. Ernst MEYER.
Sec. : M. RAFFENBERG, Börsen, Copenhague K.
Com. adm. : Aage DESSAU, 48, rue de Paradis, Paris 10e (Tél. : Provence 38-57).

ESPAGNE
Prés. : D. Carlos PRAST.
Sec. : D. Bartolomé AMENGUAL, Casa Lonja de Mar, Barcelone (Tél. : 941).

FINLANDE
Prés. : Dr. J. K. PAASIKIVI.
Sec. : Dr. Edw. JÄRNSTRÖM, Bourse, Helsingfors ("Chambre Centrale, Helsingfors ").
Com. adm. : Mauno NORDBERG, 11, rue de la Pépinière, Paris 8e (Tél. : Gutenberg 72-45).

FRANCE
Prés. : Etienne CLÉMENTEL.
Sec. gén. et Com. adm. : Alexandre DE LAVERGNE, 6, rue de Messine, Paris 8e (Tél. : Carnot 48-75).
Sec. gén. adj. : J. DUCHÉNOIS.

GRANDE-BRETAGNE
Prés. : Sir Arthur BALFOUR, Bart., J.P.
Sec. : R. W. HANNA, 14, Queen Anne's Gate, Londres, S.W. 1. ("Ascommerce, London". — Tél. : Victoria 32-54).
Com. adm. : Owen JONES, 38, Cours Albert Ier, Paris 8e ("Ascomerint, Paris 86". — Tél. : Élysées 62-56).

GRÈCE
Prés. : E. CHARILAOS.
Sec. : A. VARVAYANNIS, 8, rue d'Amérique, Athènes.
Com. adm. :

HONGRIE
Prés. : S. E. Alexandre POPOVICS.
Sec. : Dr. Tibor DE GYULAY, Chambre de Commerce, 6, Szemere-utca, Budapest V.
Com. adm. hon. : Louis MANHEIM.
Com. adm. : Georges DE LUKACS, 15, rue de Berri, Paris 8e (Tél. : Élysées 37-45).

INDE
Prés. : Sir PURSHOTAMDAS THAKURDAS.
Sec. : M. P. GANDHI, c/o the Federation of Indian Chamb. of Commerce, 135, Canning Street, Calcutta

INDOCHINE
Prés. : A. GARNIER.
Sec. et Com. adm. Alexandre DE LAVERGNE, 6, rue de Messine, Paris 8e (Tél. : Carnot 48-75).

ITALIE
Prés. : Dott. Alberto PIRELLI.
Sec. : Comm. Dott. Giuseppe DALL'OGLIO, 107, Via Torino, Rome (5) ("Sezital, Rome" — Tél. : 42588-42589).
Com. adm. : Cav. Dott. C. FRIGERIO, 12, rue Halévy, Paris 9e ("Sudameris, Frigerio, Paris". — Tél. : Louvre 51-83).

JAPON
Prés. : Junnosuke INOUYE.
Sec. : Seichi TAKASHIMA, Nihon Kogio Club, Marunouchi, Tokio ("Renmei, Tokio ").
Com. adm. :

LUXEMBOURG
Prés. : Aloyse MEYER.
Sec. : Albert CALMÈS, Arbed, avenue de la Liberté, Luxembourg.

NORVÈGE
Prés. : Morten LIND.
Sec. : Reidar DUE, Börs, Oslo.
Com. adm. : Peter KRAG, 45, boulevard Berthier, Paris 17e.

PAYS-BAS
Prés. : H. Rud. DU MOSCH.
Sec. : Dr. J. E. CLARINGBOULD, 12, van de Spiegelstraat, La Haye (Tél. : 33935-34796).
Com. adm. : Edouard BUNGE, 95, rue Saint-Lazare, Paris 9e (Tél. : Central 68-75).

POLOGNE
Prés. : Boguslaw HERSÉ.
Sec. : St. KOÇOT, 2, Chmielna, Varsovie ("Polkomitet Warszawa". — Tél. : 62-59).
Com. adm. : Charles KORYTKO, 20, rue de la Baume, Paris 8e (Tél. : Élysées 22-32)

ROUMANIE
Prés. : Dr. St. CERKEZ.
Sec. : I. N. JONESCO, Strada Sarindar, 19, Bucarest ("Comnatron, Bucarest ").
Com. adm. : A. BIANO, 16, rue de Vézelay, Paris 8e (Tél. : Laborde 26-88).

SERBES-CROATES-SLOVÈNES (Royaume des)
Prés. : Dr. V. MARINKOVITCH.
Sec. : Dr. Stevan POPOVITCH, Poenkareova Ulica 27, Belgrade ("Incomyoug, Belgrade". — Tél. : 3-93).

SUÈDE
Prés. : J. C. EDSTRÖM.
Sec. : Baron W. G. STIERNSTEDT, 9, Västra Trädgardsgatan, Stockholm ("Handelskammaren, Stockholm ").
Com. adm. : Thor CARLANDER, chez Wm. H. Muller & Cie, 98, rue de la Victoire, Paris 9e (Tél. : Central 56-64).

SUISSE
Prés. : John SYZ.
Sec. : O. HULFTEGGER, Börsenstrasse, 17, Zurich.
Com. adm. : Maurice TREMBLEY, 61, avenue Victor-Emmanuel III, Paris 8e (Tél. : Élysées 54-94).

TCHÉCOSLOVAQUIE
Prés. : Jaroslav PREISS.
Sec. : Dr. V. KLUMPAR, Masarykovo Nabr. 4, Prague 1 ("Incomerc, Prague ").
Com. adm. : Otakar FLANDERKA, 88, rue de la Pompe, Paris 16e (Tél. : 59-99).

Autres publications de la Chambre de Commerce Internationale :

L'ÉCONOMIE INTERNATIONALE

paraissant tous les trois mois

BROCHURES

33. LES FORMALITÉS DOUANIÈRES ET LA CONVENTION INTERNATIONALE DE GENÈVE (Octobre 1923).
34. DOUBLES IMPOTS.
41. STATUTS ET RÈGLEMENTS DE LA CHAMBRE INTERNATIONALE.
45. RAPPORT DE LA COMMISSION DES ENTRAVES AU COMMERCE, présenté à la Conférence Economique de la Société des Nations (Mai 1927).
46. LES ENTENTES INDUSTRIELLES INTERNATIONALES, par M. Roger Conte.
47. *UNIFICATION DE LA LETTRE DE CHANGE ET DU CHÈQUE (avec annexe).
48. *UNIFICATION DES CRÉDITS DOCUMENTAIRES.
49. *PROTECTION DE LA PROPRIÉTÉ INDUSTRIELLE.
51. *EXEQUATUR (EXÉCUTION DES JUGEMENTS ÉTRANGERS).
52. *TRANSPORTS PAR AIR.
52bis. *TROIS PROJETS DE CONVENTIONS AÉRIENNES (Les Responsabilités de l'exploitant d'un aéronef — Les Assurances pour le personnel navigant — La lettre de voiture aérienne).
53. *LES RÈGLEMENTS INTERNATIONAUX.
53bis. *LA BALANCE INTERNATIONALE DES PAIEMENTS.
54. *TRANSPORTS PAR FER.
55. *TRANSPORTS MARITIMES ET CONNAISSEMENTS.
56. *TÉLÉPHONIE INTERNATIONALE.
58. *COMMENT OBTENIR DES RÉSULTATS PRATIQUES A LA SUITE DE LA CONFÉRENCE ÉCONOMIQUE DE GENÈVE ? (Discours de Sir Arthur Salter au Congrès de Stockholm).
59. *LA CONFÉRENCE ÉCONOMIQUE INTERNATIONALE.
60. *RÉSOLUTIONS VOTÉES AU CONGRÈS DE STOCKHOLM (27 Juin-2 Juillet 1927.
61. L'ARBITRAGE COMMERCIAL ET LES LOIS SUISSES.
62. L'ARBITRAGE COMMERCIAL ET LA LOI ITALIENNE.
63. L'ARBITRAGE COMMERCIAL ET LA LOI NÉERLANDAISE.
64. LA CHAMBRE ET LE DÉVELOPPEMENT DE LA POLITIQUE DE LA CONFÉRENCE ÉCONOMIQUE INTERNATIONALE. — Mémorandum présenté au Comité Consultatif de l'Organisation Économique de la Société des Nations par la Délégation de la Chambre de Commerce Internationale (Avril 1928).
65. L'ARBITRAGE COMMERCIAL ET LA LOI FRANÇAISE.
66. RAPPORT PRÉSENTÉ A L'UNION TÉLÉGRAPHIQUE INTERNATIONALE. (Septembre 1928).
67. RAPPORT PRÉSENTÉ A L'UNION POSTALE UNIVERSELLE (Sept. 1928).
68. TERMES COMMERCIAUX (Définitions).
69. LA POLITIQUE COMMERCIALE ET LES ENTRAVES AU COMMERCE.
70. LES TRANSPORTS PAR ROUTE DANS LE MONDE. RECUEIL DE STATISTIQUES.

HORS SÉRIE

LES DROITS DE TIMBRE SUR LES EFFETS DE COMMERCE dans 35 pays
RÈGLEMENT DE CONCILIATION ET D'ARBITRAGE pour les litiges commerciaux ayant un caractère international.

Publié à l'occasion du Congrès de Stockholm.

97898. — Imprimerie LAHURE, 9, rue de Fleurus, à Paris. — 1929